中国商事仲裁の基本と実務

外国法事務弁護士　孫　彦【著】

商事法務

発刊に寄せて

東京大学大学院法学政治学研究科教授
平 野 温 郎

このたび、友人である孫彦弁護士が『中国商事仲裁の基本と実務』を商事法務から発刊されることとなり、お祝いを兼ねて一言申し上げる機会を頂いた。

私が初めて北京の中国国際経済貿易仲裁委員会（CIETAC）を訪れたのは、1989年春のことである。前職の三井物産法務部から中国に派遣され、同国ビジネス法の調査研究活動を行っていたが、その一環として、中国における国際商事仲裁の実態を知るために約2週間にわたって毎日お邪魔し、その歴史や、未だ洗練されているとはいえなかった初期の仲裁規則の内容を始め、さまざまなご教示を得た。外国人である私を快く受け入れて下さったのは、昨年（2020年）95歳で逝去された同委員会名誉副主任、栄誉仲裁人の唐厚志先生である。仲裁人としての先生は、英語に堪能というだけでなく、当時としては珍しく、外国企業、外資系企業に対しても公平、公正という姿勢を堅持しておられた。当時の中国の事情からして内部的には葛藤もあったものと思われるが、三井物産が当事者となったCIETAC仲裁でも何回か仲裁人をお願いし、我々にとって十分に納得のいく仲裁判断を出して頂いた（時には厳しいご指摘も頂いたし、また当然ながら常に我々にとって有利な結果であったわけではないが）。その唐先生が重視しておられたのは、仲裁と調停の融合による紛争解決という、今でこそArb.-Med.-Arb.などと喧伝されているが、当時としては、中国的な紛争解決文化を反映した斬新なアプローチであった。このアプローチは現在に至るまでさまざまな課題が指摘されてはいるが、何とか両当事者がそれなりに納得できる形で紛争を解決したい（ADRというものは本来そうあるべきである）という先生の情熱やバランス感覚あふれるお話を聞きながら、CIETACとしての努力や将来展望の一端も垣間見ることができたのである。

それから30年以上が経ち、CIETACの発展には目覚ましいものがある。中国の仲裁制度も当時とは比較にならないほど整備された。かつての中国の仲裁制度やその運用には、国際商事仲裁というものに対する人民法院や立法者の知識･理解不足により、さまざまな初歩的誤解や混乱もあった。ニューヨーク条約の適用においても、到底その主旨を理解していないとしか思えないような某中級人民法院の地方保護主義的判断に直面した経験もある。しかし、中国もグローバル経済に打って出ることとなり、試行錯誤を繰り返しながらも、近年は一帯一路イニシアティブの下で、日本と比べても海外の進んだ知見や経験を積極的に取り入れて日々進歩を遂げている。取扱い案件数が非常に多く、だからこそ問題点も明らかとなり、それが時々の政策的措置や司法解釈・裁判例を通じて積極的に解決されてきたことは特筆すべきである。

このような進歩を遂げた中国の仲裁制度を包括的に取り上げた本書が発刊されるのは、大変意義深いことである。中国の仲裁は仲裁法制の研究題材、比較材料としても興味深く、欧米に偏りがちな日本の実務界や学界もより多角的な視点から注視し、交流を拡大していくべきであろう。本書は、これまでにないような幅広い内容と深さで中国仲裁を取り上げている。実務的な注意点に止まらず、理論面として司法解釈や事例などにも言及するとともに、オンライン仲裁という時宜にかなったテーマも取り上げられており、研究者のみならず、実務家にとっても大変有用であると確信する。多くの日本企業クライアントを抱えてご多忙なはずの孫彦弁護士が、これほどの著作をいつ書かれていたのか、その地道なご努力には誠に頭の下がる思いである。本書を通じて、中国の仲裁制度が日本において更に広く、深く知られることになる。CIETACを世界水準の仲裁機関に育ててこられた唐先生のお喜びになるお顔が見えるようである。

はじめに

1　中国ビジネスでの紛争解決において なぜ仲裁なのか

紛争解決の法的手段と言えば、何を思い浮かべられるだろうか。多くの日本企業にとっては、訴訟手続による紛争解決というものが、最も身近な紛争解決のための法的手続と言える。

近年、日本政府は、日本における国際仲裁の活性化のため、「国際仲裁の活性化に向けた関係府省連絡会議」を開催し、仲裁人や調停人等の人材育成及びインフラ整備等を推進している。但し、目下、仲裁は、紛争解決の手段として、日本ではまだ馴染みがなく、広く利用されていないのが現状である。

しかしながら、中国ビジネスでの紛争解決においては、訴訟手続を用いると、かえって問題が複雑化してしまう可能性がある。なお、本書でいう中国ビジネスには、中国における現地法人と中国企業や中国個人との間の国内取引だけでなく、日本企業を含む外国企業と中国企業や中国個人との間のクロスボーダー取引も含まれる。

(1)　執行可能性の問題

日本を含む外国と中国の間では、裁判所（中国では「人民法院」という）の判決の相互執行を認める条約が存在しないことが多い。このため、外国の裁判所又は中国の人民法院で出された判決のほとんどは、他方の国では執行できない。例えば、日本企業と中国企業との間の紛争において、日本企業が東京地裁で勝訴判決を得たとしても、中国に存在する中国企業の財産につき強制執行することは認められない。その逆も同様である。

また、中国での執行を前提にして、中国で訴訟手続を行うことも考えられるが、中国では地方保護主義（つまり地元贔屓）が懸念されること、及び、中国国内の民事訴訟の手続は、往々にして、中国企業の方が外国企業や外国企業の中国現地法人よりも進め方をよく理解しており、外国側にとって不利となるといった問題もある。

つまり、外国で訴訟手続を行うと中国で強制執行ができないし、中国で訴訟手続を行うと、中国の地元企業が有利になってしまうという問題がある。

そこで、訴訟手続ではない紛争解決の法的手段として、仲裁手続を選択することが重要となる。仲裁は、当事者が、私人である第三者に紛争を判断させ、その判断に服することに合意し、その合意に基づき紛争を終局的に解決するものであり、訴訟と並ぶ紛争解決手段の一つである。当事者は、仲裁手続の結果として下される仲裁判断に基づいて、訴訟手続の結果として下される判決と同様に強制執行を行うことができる。

また、2021年5月現在、日本や中国も含め、168か国が「外国仲裁判断の承認及び執行に関する条約（Convention on the Recognition and Enforcement of Foreign Arbitral Awards）」（いわゆる「ニューヨーク条約」）に加盟しているため、仲裁判断の執行は、ニューヨーク条約に基づき、168か国の加盟国間において相互に認められることになる。

(2) 訴訟と比較した場合のメリット

訴訟手続と仲裁手続と比較した場合、まず一般的には、①仲裁は当事者が紛争解決を委ねる専門家である仲裁人を選ぶことができる、②仲裁は一審終局の制度（控訴・上告はできない）であり、訴訟よりも紛争の早期解決に至る場合が多い、③仲裁手続の進め方は、事件ごとに、当事者と仲裁人が協議をして決められる、④仲裁は紛争処理の内容が公表されないという非公開性がある、⑤仲裁判断に基づく強制執行について定めたニューヨーク条約には、裁判判決に基づく強制執行についての条約締約国を大きく上回る世界168か国が締約国となっているといった点が仲裁の利点として挙げられる。

これに加えて、日中間の場合では、①仲裁は、原則として、請求が認容されれば、日本を仲裁地として仲裁を行った場合でも、中国において仲裁判断に基づく承認及び執行を行うことができる、また、②仮に中国を仲裁地として仲裁を行う場合でも、地方保護主義の弊害が及びにくく、かつ、手続的にも、訴訟に比べると日本企業が特に不利ではない手続となっているといった利点が考えられる。

これらのことからもわかるように、中国ビジネスでの紛争解決において、仲裁手続は重要な役割を果たすことになるのである。

2 日本、中国、第三国のいずれで仲裁手続を行うか

(1) 原則として、機関仲裁

仲裁手続を開始するためには、事前に当事者間で、仲裁手続を行うとの仲裁合意を締結することが必要となる。実務上多くの仲裁合意の方法としては、取引を開始する時点で締結する売買契約、業務委託契約、ライセンス契約、合弁契約等に、仲裁合意を記載した仲裁条項を盛り込むという方法である。当事者間で、実際に紛争が生じてから紛争解決手段の選択について合意することは難しいので、仲裁手続を選択したい場合には、当初の契約に仲裁条項を入れることが極めて重要である。

仲裁手続としては、仲裁機関を利用せずに当事者と仲裁人のみで仲裁手続を行うアドホック仲裁もあるが、中国の仲裁法では、仲裁合意の法定要件として仲裁機関を決めなければならないので、中国での仲裁手続においては、仲裁機関を利用した機関仲裁を行うことが原則となる。

(2) 仲裁地をめぐる交渉

仲裁手続をどこで行うかという点については、日本企業にとっては、日本での仲裁手続を選択することが、有利となる場合が多い。しかし、中国企業からは、中国での仲裁手続を求められることが多く、必ずしも日本での仲裁手続を行うことに合意できるわけではない。そこで、日本又

は中国本土での仲裁による解決を単純に選択するのではなく、当事者双方が相手方の所在地で仲裁を提起できるという交差条項や、中立地であるシンガポール等の第三国での仲裁を行なうという条項により、仲裁合意が行われる場合が少なくない。なお、香港は中国の一部であるが、「一国二制度」に基づき、英米法制度が実施されているため、仲裁の中立地として、特に日中間のビジネス契約においてよく利用されている。

なお、近時の中国企業との取引では、中国企業の交渉上の立場が強く、中国企業の主張を反映した契約を締結することになり、クロスボーダー取引でも中国での仲裁に合意せざるを得ない場合が多い。また、中国に進出した日系現地法人が中国企業と契約を締結する際には、渉外事件的要素がないとして、原則としては、中国国内で仲裁を選択せざるを得ない。

3　本書の目的

中国企業とクロスボーダー取引を行う日本企業や中国に進出している日系現地法人としては、有事への紛争対応だけでなく、如何に紛争を回避するかという観点からも、中国本土で仲裁を行う場合の基本的な知識や実務上の留意点について把握することが重要である。

本書では、筆者がこれまでの実務経験を踏まえ、中国本土で仲裁手続を行うことを想定し、仲裁実務上の留意点や問題点に触れながら、中国における仲裁に関する法律根拠、特有の仲裁分類、仲裁の申立から仲裁判断の執行まで、仲裁に関する基本的な知識を中心に網羅的に紹介する。特に、中国ビジネスにかかわる企業の法務責任者や中国における紛争解決に興味を持っている方にとっては、本書を手元に置くことで、関連法律根拠や参考事例等を簡単に確認できることを目的としている。日中間のビジネスの発展及び日本企業の中国事業の成功のために少しでもお役に立てば幸いである。

新型コロナウイルスで大変な中、本書の執筆にあたっては、事務所内のチームメンバーによる協力はもちろん、家族の協力も大きな支えになった。ここに記して感謝の気持ちを表したい。また、本書の刊行にご尽力いただいた㈱商事法務の井上友樹氏に対し、心からお礼を申し上げたい。

2021年5月吉日

外国法事務弁護士　**孫　彦**

目　次

第1編 解説編

第1章 商事仲裁に関する法律規定　2

第2章 仲裁の分類　13

第5章
仲裁機関　42

第6章
仲裁規則　56

第7章
仲 裁 人 70

第8章
証 拠 80

第11章 オンライン仲裁 125

第12章 仲裁判断に対する司法審査 135

第13章 仲裁判断の執行 150

第14章 仲裁における調停 163

第15章
法律面以外の留意事項　169

第2編
資料編

関連法律根拠一覧

名称	公布日	施行日
法律		
刑法（2020年改正）	2020.12.26	2021.03.01
民法典	2020.05.28	2021.01.01
都市不動産管理法（2019年改正）	2019.08.26	2020.01.01
不正競争防止法（2019年改正）	2019.04.23	2019.04.23
会社法（2018年改正）	2018.10.26	2018.10.26
仲裁法（2017年改正）	2017.09.01	2018.01.01
民事訴訟法（2017年改正）	2017.06.27	2017.07.01
渉外民事関係法律適用法	2010.10.28	2011.04.01
農村土地請負経営紛争調解仲裁法	2009.06.27	2010.01.01
労働紛争調解仲裁法	2007.12.29	2008.05.01
行政法規		
仲裁委員会仲裁費用徴収規則	1995.07.28	1995.09.01
司法解釈等		
内陸及び香港特別行政区との仲裁判断の相互執行に関する補充取決め（2021）	2021.05.18	2021.05.19
「民事訴訟法」の適用に関する解釈（2020年改正）	2020.12.29	2021.01.01
人民法院の執行業務における若干問題に関する規定（試行）（2020年改正）	2020.12.29	2021.01.01
「渉外民事関係法律適用法」適用の若干問題に関する解釈㈠（2020年改正）	2020.12.29	2021.01.01
人民法院による財産保全事件の処理に関する若干問題についての規定（2020年改正）	2020.12.29	2021.01.01
執行和解の若干問題に関する規定（2020年改正）	2020.12.29	2021.01.01
執行担保の若干問題に関する規定（2020年改正）	2020.12.29	2021.01.01

関連法律根拠一覧

名称	公布日	施行日
民事執行における財産調査に関する若干問題についての規定（2020年改正）	2020.12.29	2021.01.01
人民法院の民事執行における財産の封印・差押・凍結に関する規定（2020年改正）	2020.12.29	2021.01.01
人民法院の民事調停手続の若干問題に関する規定（2020年改正）	2020.12.29	2021.01.01
内陸及び香港特別行政区との仲裁判断の相互執行に関する補充取決め（2020）	2020.11.26	2020.11.26
民事訴訟の証拠に関する若干規定（2019年改正）	2019.12.25	2020.05.01
内陸及び香港特別行政区の裁判所間の仲裁手続の相互共助保全に関する取決め	2019.09.26	2019.10.01
人民法院による仲裁判断執行事件の処理に関する若干問題についての規定	2018.02.22	2018.03.01
仲裁司法審査事件の審査に関する若干問題についての規定	2017.12.26	2018.01.01
仲裁司法審査事件の確認申請問題に関する規定	2017.12.26	2018.01.01
上海市高級人民法院等に対する中国国際経済貿易仲裁委員会及びその元分会等仲裁機関の仲裁判断に関わる司法審査事件の意見請求問題についての回答	2015.07.15	2015.07.17
台湾地域の仲裁判断の承認及び執行に関する規定	2015.06.29	2015.07.01
裁判例指導業務に関する規定	2010.11.26	2010.11.26
「仲裁法」適用の若干問題に関する解釈（2008年改正）	2008.12.16	2008.12.31
海事訴訟特別プロセスの若干問題に関する解釈（2008年改正）	2008.12.16	2008.12.31
内陸及びマカオ特別行政区との仲裁判断の相互執行に関する取決め	2007.12.12	2008.01.01

名称	公布日	施行日
内陸及び香港特別行政区との仲裁判断の相互執行に関する取決め	2000.01.24	2000.02.01
仲裁合意の効力の確認に関する幾つかの問題についての返答	1998.10.26	1998.11.05
外国仲裁判断の承認及び執行に関する条約の中国での承認の実行に関する通知	1987.04.10	1987.04.10
人民法院による中国（上海）自由貿易試験区臨港新片区の建設に司法サービス及び保障の提供に関する意見	2019.12.13	2019.12.13
自由貿易試験区の建設のための司法保障の提供に関する意見	2016.12.30	2016.12.30
「2～3年で執行難問題を基本的に解決すること」の具体化に関する作業要綱	2016.04.29	2016.04.29
北京朝来新生体育休閑有限公司による大韓商事仲裁院（Korean Commercial Arbitration Board）の第12113-0011号、第12112-0012号仲裁判断の承認・執行申立に関する報告についての回答	2013.12.18	2013.12.18
寧波市北侖利成潤滑油有限公司と法莫万馳公司の売買契約紛争事件における仲裁条項の効力の問題に関する報告についての回答	2013.12.05	2013.12.05
仲裁の司法審査事件の正確な審理に関する問題の通知	2013.09.04	2013.09.04
申立人安徽省龍利得包装印刷有限公司と被申立人BP Agnati S.R.Lによる仲裁合意の効力確認申立に関する報告についての回答	2013.03.25	2013.03.25
香港仲裁判断の内陸における執行の関連問題に関する通知	2009.12.30	2009.12.30
仲裁合意の効力の確認に関する報告についての回答	2005.12.30	2005.12.30

名称	公布日	施行日
ドイツ旭普林国際有限責任公司と無錫沃可通用工程橡胶有限公司による仲裁合意の効力確認申立に関する報告についての回答	2004.07.08	2004.07.08
海南省高級人民法院による和諾徳股份有限公司と海南際中医薬科技開発有限公司の経営販売契約紛争事件の審理に関する報告についての回答	1996.12.20	1996.12.20
厦門維哥木製品有限公司と台湾富源企業有限公司の売買契約紛争に関する管轄権異議事件についての回答	1996.05.16	1996.05.16
「民法通則」の全面的執行過程における若干の問題に関する意見（試行）	1988.04.02	1988.04.02
規範性文書、地方司法文書等		
上海法院による中国（上海）自由貿易試験区臨港新片区の建設にサービス及び保障の提供に関する実施意見	2019.12.30	2019.12.30
中国国外仲裁機関が中国（上海）自由貿易試験区臨港新片区に業務機構を設立することに関する管理規則	2019.10.21	2020.01.01
中国（上海）自由貿易試験区の更なる改革開放の深化に向けた方案	2015.04.08	2015.04.08
国務院による全国中小企業株式譲渡システムに関する決定	2013.12.13	2013.12.13
北京市高級人民法院による委託調査制度に関する若干意見（試行）	2004.08.16	2004.08.16
「中華人民共和国仲裁法」の徹底的実施において明確にする必要のあるいくつかの問題に関する通知	1996.06.08	1996.06.08
国際条約		
調停に関するシンガポール条約	2019.08.07 中国署名	未定

名称	公布日	施行日
国家とほかの国家の国民との間の投資紛争の解決に関する条約	1990.02.09 中国署名	1993.02.06 中国に発効
外国仲裁判断の承認及び執行に関する条約	1987.01.22 中国加盟申請	1987.04.22 中国に発効
仲裁規則等		
IBA国際仲裁証拠調べ規則（IBA Rules on the Taking of Evidence in International Arbitration）（2020年版）	2021.02.17	2021.02.17
ICC仲裁規則（2021年版）	2020.12.01	2021.01.01
北京仲裁委員会仲裁規則（2019年版）	2019.07.19	2019.09.01
CIETAC調停センター調停規則	2018.10.01	2018.10.01
広州仲裁委員会仲裁規則（2017年版）	2017.11.16	2017.11.16
横琴自由貿易試験区アドホック仲裁規則	2017.03.18	2017.04.15
広州仲裁委員会オンライン仲裁規則	2015.10.01	2015.10.01
中国国際経済貿易仲裁委員会　証拠ガイドライン	2015.03.01	2015.03.01
中国（上海）自由貿易試験区仲裁規則（2015年版）	2015.01.01	2015.01.01
CIETACオンライン仲裁規則（2015年版）	2014.11.04	2015.01.01
CIETAC仲裁規則（2015年版）	2014.11.04	2015.01.01
北京仲裁委員会調停センター調停規則	2011.08.31	2011.09.28

第 1 編

解説編

第1章
商事仲裁に関する法律規定

中国における商事仲裁制度は、1995年9月1日の仲裁法の施行により、仲裁法施行前の段階と仲裁法施行後の段階と二段階に分けられる。

仲裁法施行前の段階では、中国国内の紛争解決において、本当の意味での商事仲裁が存在しなかった。仲裁に関する規定は多くの法律や行政法規等に設けられていたが、行政機関又はその内部に設置されていた仲裁組織による仲裁がほとんどであった。また、1993年の経済契約法が改正されるまでは、仲裁は、二審制を採用しており、訴訟の前置手続とされた時代もあった。

仲裁法施行後の段階では、仲裁法によって、仲裁の独立性、一審性及び仲裁判断の終局性等の仲裁の原則が確立された。また、仲裁法第14条は、「仲裁委員会は、行政機関から独立し、行政機関との間に隷属関係はないものとする。各仲裁委員会の間にも隷属関係はない。」と定め、「行政仲裁」から「民間仲裁」への転身を図ってきた。

上記国内仲裁の状況の変遷と比較して、渉外要素[1]のある商事仲裁（いわゆる「渉外仲裁」。詳細については、後述**第２章**仲裁の分類を参照。）については、最初から特別扱いがされてきた。1956年、当時の中国国際貿易促進委員会内に「対外貿易仲裁委員会」が設置され、「中国国際貿易促進委員会対外貿易仲裁委員会の仲裁プロセスに関する暫定規則」が制定された。対外貿易仲裁委員会は、渉外要素のある商事仲裁を担当し、最初から当事者の自由意志による仲裁、仲裁判断の終局性等の仲裁の原則を採用した。なお、対外貿易仲裁委員会は、1980年に「対外経済貿易仲裁委員会」に改称され、1988年に現在の「中国国際経済貿易仲裁委員会」に改称された。

1　仲裁法及びその司法解釈

仲裁法は、専ら仲裁に関する中国の最初の法律である。同法は、1994年8月31日に制定、1995年9月1日より施行され、2009年8月27日及び2017年9月1日の二回の改正がなされた。現行仲裁法は、全8章80条より構成される。その目次は、下表のとおりである。

仲裁法（2017年改正版）目次

第１章	総則
第２章	仲裁委員会及び仲裁協会
第３章	仲裁合意
第４章	仲裁手続
第５章	判断取消の申立
第６章	執行
第７章	渉外仲裁の特別規定
第８章	附則

仲裁法の施行を促進し、実務上顕在化された問題点を解決するために、中国の最高人民法院（日本の最高裁判所に相当する）は、2006年8月23日に「『仲裁法』適用の若干問題に関する解釈」（以下「仲裁法司法解釈」という）を公布した。仲裁法司法解釈においては、書面形式の仲裁合意及び契約紛争の範囲、仲裁合意の効力の認定、仲裁合意の効力の確認を申し立てた事件の管轄、再仲裁（当事者が仲裁判断の取消を申し立てた事件が法定の事由に該当する場合には、人民法院は仲裁廷に一定期間内に改めて仲裁を行うよう通知する）の取扱い等を定めている。

また、仲裁法司法解釈のほかに、最高人民法院は、仲裁実務における

[1] 中国法上の渉外要素には、①当事者の一方又は双方が外国人、無国籍者、外国企業又は組織であること、②当事者の一方又は双方の常居所地が中国の領域外にあること、③係争物が中国の領域外にあること、④当事者間の民事法律関係の設立、変更、終了の法的事実が中国の領域外で発生していること等が含まれる（民事訴訟法司法解釈第522条、「渉外民事関係法律適用法」適用の若干問題に関する解釈（一）第1条）。

個別の問題点に関する司法解釈を数多く出している。本書のほかの章でも言及するが、例えば、「仲裁合意の効力の確認に関する幾つかの問題についての返答」（1998年10月26日公布）、「仲裁司法審査事件の審査に関する若干問題についての規定」（2017年12月26日公布）及び「人民法院による仲裁判断執行事件の処理に関する若干問題についての規定」（2018年2月22日公布）等が挙げられる。

（1）適用範囲

仲裁法第2条によれば、「平等な主体である公民、法人及びその他の組織の間で発生する契約紛争及びその他の財産権益に係わる紛争は、仲裁に付すことができる。」とされている。よって、当事者の国籍等を問わず、中国人や中国企業であろうが、外国人や外国企業であろうが、その「契約紛争」及びその他の「財産権益に係わる紛争」に関して、中国において仲裁にて解決することが可能である。なお、当事者が仲裁事項を契約紛争とすると概括的に約定している場合には、契約の成立、効力、変更、譲渡、履行、違約責任、解釈、解除等に基づいて生じる紛争は、いずれも仲裁事項と認定することができる（仲裁法司法解釈第2条）。

一方、仲裁法の適用例外として、「婚姻、養子縁組、後見、扶養、相続に係わる紛争」及び「法により行政機関が処理すべき行政紛争」が、仲裁法第3条に列挙されている。例えば、知的財産権の有効性に関する紛争や土地使用権の払下げに関する紛争に関しては、行政機関が処理すべきものとして、仲裁にて解決することが認められない。また、最高人民法院は、2019年8月に、独占禁止法が公法的性質を有し、独占に該当するか否かの判断が当事者間の契約に定める権利義務関係を超えることを理由として、独占禁止法違反に関する紛争の仲裁適格性を否定する裁定書（（2019）最高法知民轄終47号民事裁定書）を下した。

更に、仲裁法第77条によれば、労働紛争及び農業の集団経済組織内部での農業請負契約紛争の仲裁については、別途規定するとされている。労働紛争の解決については、「労働紛争調解仲裁法」（2008年5月1日施行）、農村部土地の請負経営に関する紛争の解決については、「農村土地請負経営紛争調解仲裁法」（2010年1月1日施行）が別途存在する。

(2) 仲裁と訴訟の二者択一

当事者が仲裁に付する旨を合意した場合において、一方が人民法院に訴訟を提起したときは、人民法院は、これを受理しない（仲裁合意が無効である場合についてはこの限りではない）（仲裁法第5条）。また、当事者が、紛争につき仲裁機関に仲裁を申し立てることができ、また、人民法院に提訴することもできると約定している場合は、仲裁合意は無効とする（仲裁法司法解釈第7条前段）。

当事者が仲裁に付する旨を合意した場合において、一方は仲裁合意があることを表明せずに人民法院に訴訟を提起し、人民法院が受理した後に、他方が最初の開廷審理の前に仲裁合意を提出したときは、人民法院は、訴えを却下しなければならない（仲裁法第26条前段）。なお、ここでいう「最初の開廷」とは、答弁期間満了後に人民法院が組織する第一回目の開廷審理を指し、審理前手続の各活動は含まない（仲裁法司法解釈第14条）。但し、他方が最初の開廷審理の前に人民法院が当該事件を受理したことについて異議を申し立てない場合には、仲裁合意を放棄したものとみなし、人民法院は、審理を継続しなければならない（仲裁法第26条後段）。

(3) 機関仲裁

仲裁法第16条2項によれば、仲裁合意の要件として、選定した仲裁機関を含めなければならないので、中国での仲裁手続においては、仲裁機関を利用した機関仲裁を行うことが原則となる。

中国で仲裁機関を利用せずに当事者と仲裁人のみで仲裁手続を行うアドホック仲裁が認められていない原因としては、立法者が、仲裁機関の監督管理をなくし、仲裁を完全に仲裁人に任せた場合、仲裁人の行為を管理することができなくなり、仲裁判断の質を確保することができなくなると懸念していることにあると言われている。

なお、近年、中国では、一定の制限条件を満たす案件について、アドホック仲裁を認める試みが見受けられる。具体的には、**第５章仲裁機関**における「アドホック仲裁」を参照されたい。

(4) 非公開審理

仲裁は、非公開で行う。当事者が公開する旨を合意した場合には、公開して行うことができるが、国家秘密に関わる場合についてはこの限りではない（仲裁法第40条）。また、仲裁は、原則として、開廷審理を行わなければならない。但し、当事者が開廷審理を行わない旨を合意した場合には、仲裁廷は、仲裁申立書、答弁書及びその他の資料に基づき判断を下すことができる（仲裁法第39条）。

(5) 一審終審

仲裁は、一審制とする。仲裁判断が下された後、当事者が同一の紛争について仲裁を再度申し立て、又は人民法院に訴訟を提起した場合には、仲裁委員会又は人民法院は、これを受理しない（仲裁法第9条1項）。

仲裁判断書は、その下された日から法律上の効力を生じる（仲裁法第57条）。当事者は、仲裁判断を履行しなければならない。一方の当事者が履行しない場合には、他方の当事者は、民事訴訟法の関連規定に従い人民法院に強制執行を申し立てることができる（仲裁法第62条）。

2　民事訴訟法及びその司法解釈

民事訴訟法第271条によれば、「渉外経済貿易、運送と海事に関して発生した紛争で、当事者が契約に仲裁条項を定め、又は事後に書面の仲裁合意を締結し、中華人民共和国の渉外仲裁機関又はその他の仲裁機関に仲裁を申し立てたものについては、当事者は、人民法院に対して訴訟を提起することができない。当事者が契約に仲裁条項を定めておらず、また事後に書面の仲裁合意を締結していない場合には、人民法院に訴訟を提起することができる。」とされている。

上記基本的な原則のほかに、中国の「民事訴訟法」、「『民事訴訟法』の適用に関する解釈」は、仲裁における保全措置（財産保全、証拠保全及び行為保全を含む）、仲裁判断に対する司法審査、仲裁判断の執行等を定めている。人民法院は、関連規定に従い、仲裁活動を支持し、監督することができる。なお、財産保全、仲裁判断に対する司法審査及び仲裁判断執行については、それぞれ本書の**第９章**、**第12章**及び**第13章**で詳述する。

なお、中国の民事訴訟法は、1991年に公布され、2007年、2012年及び2017年三回の改正が行われた[2]。2012年改正時に、仲裁部分に関する内容が多く修正され、中国の仲裁業界に波紋を呼び、その後の仲裁実務に大きな影響をもたらした。その具体的な改正内容は、以下のとおりである。

(1) 仲裁申立前の証拠保全

民事訴訟法第81条2項は、仲裁申立前の証拠保全に関する規定を追加した。同項によれば、「緊急の状況により、証拠が滅失、又はその後において取得するのが困難となるおそれのある場合には、利害関係人は訴えを提起するか又は仲裁を申し立てる前に、証拠所在地、被申立人住所地又は事件の管轄権を有する人民法院に対して証拠保全の申立てをすることができる。」とされた。

(2) 行為保全

民事訴訟法第100条1項は、従来の財産保全に加えて、初めて行為保全（即ち、一定行為を行うこと又は一定の行為を禁止することを命令する）に関する規定を設けた。同項によれば、「人民法院は、当事者の一方の行為又はその他の事由により、判決の執行が困難となる、又は当事者にその他の損害を生じさせるおそれのある事件に対しては、相手方当事者の申立に基づき、財産に対する保全を行うこと、又は一定行為を行うこと若しくは一定の行為を禁止することを命令する旨の裁定をすることができる。

[2] 1991年に民事訴訟法が公布される前は、1982年10月1日に施行された「民事訴訟法（試行）」が存在していた。

当事者が申立を提出していない場合において、人民法院は必要に応じて保全措置を講じる旨の裁定をすることができる。」とされた。

(3) 仲裁申立前の財産保全等

民事訴訟法第101条1項は、従来の訴訟提起前の保全措置に関する規定を、訴訟提起前及び仲裁申立前までに拡大し、また保全について管轄権を有する人民法院を明記した。同項によれば、「利害関係人は、緊急の状況により直ちに保全の申立をしなければ、その者の適法な権益につき補填することが困難な損害を受けるおそれがある場合には、訴訟の提起又は仲裁の申立前に、被保全財産の所在地、被申立人住所地又は事件の管轄権を有する人民法院に対して保全措置の採用を申し立てることができる。申立人は担保を提供しなければならず、担保を提供しない場合には、申立の却下を裁定する。」とされた。

(4) 悪意仲裁

民事訴訟法第113条は、執行免脱行為に対する強制措置を新設し、その中に悪意仲裁に関する規定を定めた。同条によれば、「被執行者が他者と悪意により結託し、訴訟、仲裁、調停等の方式によって、法律文書で確定した履行義務を免れようとする場合、人民法院はその情状の軽重に基づき過料、拘留[3]を科さなければならない。犯罪を構成する場合、法により刑事責任を追及しなければならない。」とされた。

(5) 仲裁判断の執行拒否

最も重要な点は、仲裁判断の執行拒否の審査基準に対する修正である。2007年に改正された民事訴訟法第213条では、仲裁判断の執行拒否に対する審査条件が規定され、その2項4号には「事実認定の主要証拠が不足している場合」、5号には「法律の適用に明らかな誤りがある場合」と規定されていた。他方、仲裁法第58条では仲裁判断取消の審査条件が規定され、その1項4号には「判断の根拠とされた証拠が偽造されたものである

[3] ここにいう「拘留」とは、人民法院が司法機関として、訴訟手続を順調に進めていくことを保障するために、訴訟活動を妨げる情状が深刻な者に対し、一定期間内にその人身の自由を制限する措置である。

こと」、5号には「相手当事者が公正な判断に影響するに足る証拠を隠蔽していたこと」と規定されていた。人民法院の仲裁判断の執行拒否に対する審査が、仲裁判断取消の審査より広範囲にわたっていることは合理的ではなく、両方を統一すべきであるという意見が多かったため、2012年に改正された民事訴訟法第237条2項は、上記第213条2項4号と5号を、仲裁法第58条1項4号と5号の規定に合わせた。

3　国際条約

民事訴訟法第283条によれば、「国外の仲裁機関の判断について、中華人民共和国の人民法院の承認及び執行を必要とするものは、当事者が直接に被執行人の住所地又はその財産所在地の中級人民法院に申し立てなければならず、人民法院は、中華人民共和国が締結し、若しくは参加している国際条約により、又は互恵の原則に従って処理しなければならない。」とされている。即ち、中国で国外の仲裁機関の仲裁判断を承認及び執行を行う際には、国際条約又は互恵の原則に従って行わなければならない。

仲裁判断の承認及び執行に関する国際条約のうち、二国間の民商事分野における相互間の司法上の相互援助に関する条約と、仲裁判断の承認及び執行に関する多国間条約の二種類に分けられる。前者については、中国は、2021年5月現在において、フランス、韓国及びエジプト等30数か国との間で二国間条約を締結している[4]。後者については、2021年5月現在において168か国が加盟する[5]ニューヨーク条約[6]である。

国際経済紛争処理の手段として、仲裁が幅広く利用されているのは、ニューヨーク条約のお陰であると言っても過言ではない。ニューヨーク条約により、国際取引の当事者は取引から生じるいかなる紛争も当事者の選任した中立的な意思決定者に付託することができると同時に、強制執行地の裁判所による過度の遅延や干渉なしに仲裁判断を執行することを期待することができることとなる。

4 http://www.chinalaw.gov.cn/Department/node_358.html
5 https://treaties.un.org/pages/ViewDetails.aspx?src=TREATY&mtdsg_no=XXII-1&chapter=22&clang=_en#top

中国は、1987年1月22日にニューヨーク条約の加盟申請を提出し、ニューヨーク条約は、1987年4月22日より中国に対して発効することになった。但し、ニューヨーク条約に加盟したと同時に、中国は同条約の適用について「互恵留保」と「商事留保」の声明を発表した。具体的には、中国では、同条約の締約国の領域内においてなされた仲裁判断のうち、中国の法律に基づき契約性及び非契約性の商事法律関係から生じた紛争に属する仲裁判断のみに、ニューヨーク条約を適用する。最高人民法院が1987年4月10日に公布した「外国仲裁判断の承認及び執行に関する条約の中国での承認の実行に関する通知」によれば、「契約性及び非契約性の商事法律関係」とは、契約、不法行為又は関連の法規定によって生じた経済上の権利･義務関係を指す。例えば、貨物売買、財産リース、工事請負、委託加工、技術移転、合弁経営、合作経営、自然資源の探査開発、保険、信用貸付、労務、代理、コンサルティングサービス及び海上･民間航空・鉄道・道路の客及び貨物の輸送、並びに製品責任、環境汚染、海上事故及び所有権紛争等である。但し、外国投資者と投資受入国との間の紛争は含まない。

なお、投資紛争について、中国は、1990年2月9日に「国家とほかの国家の国民との間の投資紛争の解決に関する条約」(ICSID条約)に署名し、1992年7月1日に同条約の加盟を批准し、ICSID条約は、1993年2月6日より中国に対して発効することになった。

アジアの主なニューヨーク条約の加盟国

加盟国		加盟日／批准日
Bangladesh	バングラデシュ	1995年5月6日
Cambodia	カンボジア	1960年1月5日
China	中国	1987年1月22日
India	インド	1960年7月13日
Indonesia	インドネシア	1981年10月7日
Japan	日本	1961年6月20日

[6] ニューヨーク条約は、1958年に国際連合において策定され、1959年に効力を有するに至った外国仲裁判断の承認及び執行のための条約である。

Korea	韓国	1973年2月8日
Malaysia	マレーシア	1985年11月5日
Philippines	フィリピン	1967年7月6日
Singapore	シンガポール	1986年8月21日
Thailand	タイ	1959年12月21日
Viet Nam	ベトナム	1995年9月12日

4　香港、マカオ及び台湾に関する特別規定

中国内陸と香港、マカオ及び台湾との間の仲裁判断の承認及び執行等について、最高人民法院は、2000年1月24日に「内陸及び香港特別行政区との仲裁判断の相互執行に関する取決め」、2007年12月12日に「内陸及びマカオ特別行政区との仲裁判断の相互執行に関する取決め」及び2015年6月29日に「台湾地域の仲裁判断の承認及び執行に関する規定」、2019年9月26日に「内陸及び香港特別行政区の裁判所間の仲裁手続の相互共助保全に関する取決め」、並びに2020年11月26日に「内陸及び香港特別行政区との仲裁判断の相互執行に関する補充取決め（2020）」及び2021年5月18日に「内陸及び香港特別行政区との仲裁判断の相互執行に関する補充取決め（2021）」を公布した。

内陸と当該地域間の仲裁判断の承認及び執行並びにかかる財産保全等については、上記の特別な規定に従い行われることになる。

5　その他

(1)　人民法院の意見や回答等

裁判活動においてある法律を如何にして具体的に適用するか、又はある種の事件、ある種の問題について法律を如何にして適用するかについては、最高人民法院や地方の高級人民法院等が制定する解釈や回答等も、

仲裁実務上、重要な根拠となり、特に関連法律規定が不明確であったり、齟齬があったりする場合の問題解決に大きな役割を果たしている。例えば、最高人民法院は、福建省高級人民法院の問い合わせに対して、「ICC仲裁規則に従い紛争を解決すると約定したことは、ICCによる紛争解決に合意したことと等しく、有効である」と判断した事例がある（法函【1996】78号[7]）。また、最高人民法院は、2015年7月15日に、「上海市高級人民法院等に対する中国国際経済貿易仲裁委員会及びその元分会等仲裁機関の仲裁判断に関わる司法審査事件の意見請求問題についての回答」（法釈【2015】15号）を公布し、2012年以来の中国国際経済貿易仲裁委員会の分裂に起因する仲裁合意及び仲裁判断の効力に関する問題について、人民法院における仲裁に係る管轄権の所在に関する解釈及び取扱いを明確にした。

(2) 指導的裁判例

大陸法系に属する中国法は、日本法と同様、成文法のみを法源とし、裁判例に対しては正式な拘束力を持たせていない。但し、大陸法系の国家においても、日本のように、法的安定性の見地及び同種事件との公平性に鑑み、判例が事実上の拘束力を有するとするのが一般的である。この点については、中国も同様であり、「最高人民法院公報」等に掲載された裁判例は、下級人民法院に対して事実上の拘束力があり、また、近年、事実上の拘束力を拡大する動きが見られる。具体的に言うと、最高人民法院は、2010年11月26日、「裁判例指導業務に関する規定」を公布し、各級人民法院は、最高人民法院が公布する「指導的裁判例」と類似する案件を審理するときは、「指導的裁判例」を参照しなければならないこととした。

なお、2021年3月3日までに、最高人民法院は、合計156号の指導的裁判例を公布した[8]。当該指導的裁判例より示された判断基準等は、中国における仲裁実務に対しても大きな影響をもたらしている。

[7] 「厦門維哥木製品有限公司と台湾富源企業有限公司の売買契約紛争に関する管轄権異議事件についての回答」（1996年5月16日公布）
[8] http://www.court.gov.cn/fabu-gengduo-77.html

第2章
仲裁の分類

中国における仲裁は、中国国内仲裁と中国国外仲裁（foreign arbitration、国際仲裁とも呼ばれる）の二種類に大別される。そのうち、中国国内仲裁は、さらに「渉外要素」の有無によって、「国内仲裁」(domestic arbitration)と「渉外仲裁」(foreign-related arbitration）に分けられる。かかる分類について、中国の現行法上、明確な根拠はない。但し、仲裁法では、国内仲裁と渉外仲裁を区別し、一部異なる規定を設けている。また、民事訴訟法においても、国内仲裁と渉外仲裁のそれぞれの仲裁判断を下す仲裁機関を区別し、異なる規定を設けている。当該仲裁の分類を正確に理解することは、中国における仲裁実務にとって非常に重要なことである。

従来、中国国際経済貿易仲裁委員会（China International Economic and Trade Arbitration Commission、実務上、CIETACと呼ばれている）は専ら渉外仲裁を受理し、その他中国国内の仲裁機関（例えば、北京仲裁委員会、上海仲裁委員会等）は専ら国内仲裁を受理していた。但し、1996年6月8日に国務院弁公庁より公布された「『中華人民共和国仲裁法』の徹底的実施において明確にする必要のあるいくつかの問題に関する通知」第3条は、「渉外仲裁事件の当事者が、自由意思により、新設された仲裁委員会での仲裁を選択した場合は、新設された仲裁委員会はこれを受理できる。」と規定した。また、渉外仲裁機関であるCIETACは、2000年にその仲裁規則を改正し、2000年10月1日から事件の受理範囲を拡大し、国内仲裁も受理するようになった。なお、これを受けて、専門家の間では、「民事訴訟法」における国内仲

裁と渉外仲裁との区別は、すでに意味がなくなっているのではないかとの指摘がある。

1　渉外仲裁

(1) 渉外要素

中国の現行法上、渉外仲裁の定義に関する明確な規定はない。実務上、仲裁事件に渉外要素があるか否かによって、渉外仲裁に該当するか否かが判断される。

渉外要素の定義について、「『民法通則』の全面的執行過程における若干の問題に関する意見（試行）」[1]第178条及びその後公布された「『渉外民事関係法律適用法』適用の若干問題に関する解釈(一)」[2]第1条は、それぞれ以下の通り定めている。後者は、渉外要素を当事者の国籍から常居所地まで拡大し、キャッチオール条項を追加した。

「『民法通則』の全面的執行過程における若干の問題に関する意見（試行）」第178条	「『渉外民事関係法律適用法』適用の若干問題に関する解釈(一)」第1条
民事関係の一方又は双方の当事者が外国人、無国籍者及び外国法人である場合、民事関係の目的物が外国領域内にある場合及び民事権利義務関係の発生、変更又は消滅の法律事実が外国で発生した場合は、いずれも渉外民事関係とする。	民事関係が次の各号に掲げる事由のいずれかに該当する場合、人民法院は、渉外民事関係と認定することができる。 (1) 当事者の一方又は双方が外国公民、外国法人又はその他の組織、無国籍者である場合 (2) 当事者の一方又は双方の常居所地が中華人民共和国の領域外にある場合 (3) 係争物が中華人民共和国の領域外にある場合 (4) 民事関係を発生させ、変更させ又は消滅させる法律事実が中華人民共和国の領域外で発生した場合 (5) 渉外民事関係と認定することができるその他の事由

中国の現行法上、中国国内の公民、法人及びその他の組織が渉外要素

1 最高人民法院1988年4月2日公布、同日施行。民法典の施行に伴い廃止された。
2 最高人民法院2012年12月10日制定、2012年12月28日公布、2013年1月7日施行。

のない紛争を中国国外の仲裁機関による仲裁又は中国国外でのアドホック仲裁に付することを禁止する規定はないが、実務上、人民法院は、法的な根拠がないことを理由に、これを認めていない。当事者が仲裁を紛争解決手段とする場合は、渉外要素のある紛争については、中国国外の仲裁機関による仲裁又は中国国外でのアドホック仲裁を合意することが可能であるが、渉外要素のない紛争については、中国国内の仲裁機関の中から、仲裁機関を選択しなければならない。

(2) 自由貿易試験区内の改革

最高人民法院は、2016年12月30日に、「自由貿易試験区の建設のための司法保障の提供に関する意見」（法発【2016】34号）を公布し、自由貿易試験区をモデルケースとして、「仲裁合意の効力を正確に認定し、仲裁事件の司法審査を規範化する」との方針を提唱し、改革を行った。なお、中国では、2013年9月29日に設立された中国（上海）自由貿易試験区を含めて、六回に分けて、22か所の自由貿易試験区が設立された。

中国の自由貿易試験区

順番	場所	時期
1回目	上海	2013年
2回目	広東、天津及び福建	2014年
3回目	遼寧、浙江、河南、湖北、重慶、四川及び陝西	2016年
4回目	海南	2018年
5回目	山東、江蘇、河北、雲南、広西、黒龍江	2019年
6回目	北京、湖南、安徽、浙江	2020年

法発【2016】34号第9条1項によれば、「自由貿易試験区内で登録した外商独資企業が相互間で商事紛争を域外仲裁に付す旨を約定している場合、かかる紛争が渉外要素を有していないことのみを理由に関連の仲裁合意を無効と認定してはならない」とされている。なお、本項の立法背景に

ついては、下記 (3) の典型的な裁判例を参照されたい。当該条項では、渉外要素とは何かを正面から論じずに、①自由貿易試験区内に登録されていること、②外商独資企業（即ち、100％外国資本であり、合弁企業や合作企業が含まれない）同士であること、③域外仲裁に付す旨を約定していることという条件を設定した上で、仲裁合意の効力を認めることにした。これは、従来からの「自由貿易試験区内の外商独資企業であっても、中国国内の法人であり、渉外要素に該当しないため、中国国外の仲裁機関に仲裁を付すことは認められない」という解釈を大きく変更するものである。

(3) 典型的な裁判例

最高人民法院が2017年5月15日に公布した「一帯一路」の建設のための司法サービス及び保障の提供に関する典型的な裁判例（第2回）には、西門子貿易（上海）有限公司及び上海黄金置地有限公司の外国仲裁判断の承認及び執行の申立事件が含まれている。上記 (2) の「自由貿易試験区内の改革」は、この事件に対する最高人民法院の裁定書における意見を司法解釈化したものであると言われている。具体的には、下記を参照されたい。

① 事件概要

当事者：西門子国際貿易（上海）有限公司（申立人／シーメンス）、上海黄金置地有限公司（被申立人／黄金置地）

裁判所：上海市第一中級人民法院

概要：シンガポールの仲裁判断の承認及び執行に関する裁定。具体的には、以下のとおりである。

2005年9月23日、申立人及び被申立人が入札を通して、設備の供給契約を締結した。当該契約には、申立人が2006年2月15日までに対象設備を工事現場に搬入すること、紛争が生じた場合は、シンガポール国際仲裁センターの仲裁に付すこと等が定められていた。

契約履行過程において、申立人と被申立人との間でトラブルが生じた。黄金置地はシンガポール国際仲裁センターに仲裁を提起し、契約の解除及び代金支払の停止を求めた。これに対して、シーメンスは仲裁手続において反対請求を提起し、代金の全額並びに利息の支払及び損害賠償を請求した。

2011年11月、シンガポール国際仲裁センターは仲裁判断を下し、黄金置地の請求を却下し、シーメンスの反対請求を支持した。当該仲裁判断を受けて、黄金置地は一部を支払ったが、設備代金及び利息合計5133872.3人民元は支払わなかった。

そこで、申立人は、ニューヨーク条約に基づき、上海市第一中級人民法院に対して、シンガポール国際仲裁センターの仲裁判断の承認及び執行を申し立てた。当該申立に対して、被申立人は、双方が中国法人であるうえ、契約の履行地が中国国内であることから、渉外要素がないことを理由に、仲裁合意が無効であり、また、当該仲裁判断の承認及び執行は中国の公共政策に反すると主張した。

②　人民法院の判断

本件について、逐級報告制度（詳細については、後述**第12章仲裁判断に対する司法審査**を参照。）に従い、上海市第一中級人民法院から最高人民法院に報告された。最高人民法院は、以下のことを理由として、本件には渉外要素があると判断し、よって、ニューヨーク条約に基づき、シンガポール国際仲裁センターの仲裁判断を承認及び執行をすべきであるとの裁定を下した。

イ）申立人と被申立人は中国法人であるが、その登録住所が上海自由貿易試験区内にあり、かつ両社とも外商独資企業であるため、中国国外の投資者と緊密な関係を有する。

ロ）契約の履行の特徴から渉外要素があると言える。具体的にいうと、対象設備が中国国外から自由貿易試験区内に保税で搬入され、通関手続後に、自由貿易試験区内から区外に搬入され、もって、設備の輸入手続が完了することになる。よって、対象設備の搬送において、国際貨物売買の特徴があると言える。

2　国内仲裁

国内仲裁とは、中国国内の仲裁機関が審理する、渉外要素のない仲裁事件をいう。ポイントとしては、国内仲裁機関による審理と渉外要素のないことの二つがある。

最高人民法院が2004年12月に公布した「渉外商事海事審判実務問題解答㈠」では、民事訴訟法（1991年版）第257条及び仲裁法第65条を引用した上で、「渉外経済貿易、運送と海事に関して発生した紛争で、当事者が契約に仲裁条項を定め、又は事後に書面の仲裁合意を締結し、中華人民共和国の渉外仲裁機関又はその他の仲裁機関に仲裁を申し立てたものについては、当事者は、人民法院に対して訴訟を提起することができない。」とされていることから、渉外仲裁の場合は、中国国外の仲裁機関に仲裁を申し立てることが可能であるが、国内仲裁の場合は、中国国外の仲裁機関に仲裁を申し立てることが認められていないという結論を導き出した。この点について、最高人民法院の［2013］民四他字第64号回答[3]にも同じ旨の判断がある。

なお、中国に進出した外国企業の現地法人が中国企業と契約を締結するケースは、渉外要素がないとされるため、原則としては、中国国内での仲裁を選択せざるを得ない。

3　国外仲裁

(1) 仲裁機関の国籍基準

従来、国外仲裁は、国外の仲裁機関（例えば、日本の一般社団法人日本商事仲裁協会）による仲裁を指していた。即ち、国外仲裁に該当するか否

3「北京朝来新生体育休閑有限公司による大韓商事仲裁院（Korean Commercial Arbitration Board）の第12113-0011号、第12112-0012号仲裁判断の承認・執行申立に関する報告についての回答」（2013年12月18日公布）

かは、仲裁がどこで行われるのか（仲裁地）に関わらず、仲裁機関の国籍によって決められていた。そのため、仮に国外の仲裁機関が中国国内で事件を審理し仲裁判断を下した場合でも、国外仲裁に分類されていた。参考事例として、2009年4月、寧波市中級人民法院は、国際仲裁裁判所（ICC）が北京で行った仲裁判断を、非国内仲裁判断として、ニューヨーク条約に基づく承認及び執行を認めたものがある（(2008) 甬仲監字第4号）。

一方、ニューヨーク条約第1条1項は、「この条約は、仲裁判断の承認及び執行が求められる国以外の国の領域内においてされ、かつ、自然人であると法人であるを問わず、当事者の間の紛争から生じた判断の承認及び執行について適用する。」と定めている。当該規定から、ニューヨーク条約では、仲裁機関の国籍ではなく、仲裁地が自国の領域内か領域外であることによって、国外仲裁であるか否かを判断している。更に言うと、自国内の仲裁機関であっても、自国の領域外で下した仲裁判断は国外仲裁に該当し、ニューヨーク条約が適用されることになる。

(2) 仲裁地基準

国外仲裁に該当するか否かに関する中国の判断基準とニューヨーク条約の規定との乖離について、国際仲裁の実務界では混乱が生じていた。

転機が訪れたのは、最高人民法院が2009年12月30日に公布した「香港仲裁判断の大陸における執行の関連問題に関する通知」である。当該通知は、従来の国外仲裁に関する判断基準を変更し、「当事者が人民法院に対して、香港特別行政区内で出されたアドホック仲裁判断、国際商業会議所国際仲裁裁判所等の国外仲裁機関が香港特別行政区内で出した仲裁判断について、執行を申し立てた場合、人民法院は、『内陸及び香港特別行政区との仲裁判断の相互執行に関する取決め』の規定に従い審査しなければならない。」と定めた。即ち、ニューヨーク条約と同様に、仲裁機関の国籍ではなく、仲裁地を外国仲裁であるかどうかによる判断基準に統一したのである。

その後、地方人民法院は、当該通知に従い、仲裁判断の承認及び執行を行っている。例えば、2016年華夏人寿保険株式会社によるICC仲裁判断の執行申立において、北京市第四中級人民法院は、仲裁地が香港であることを理由に、「内陸及び香港特別行政区との仲裁判断の相互執行に関する取決め」に従い、執行すべきであると判断した（(2016) 京04認港1号)。

4　香港、マカオ及び台湾に関わる仲裁

第1章の4で述べた通り、中国内陸と香港、マカオ及び台湾との間の仲裁判断の承認及び執行等について、それぞれ異なる取決めが存在する。

香港、マカオ及び台湾で行われる仲裁は国外仲裁に該当しないため、その仲裁判断については、ニューヨーク条約に基づく承認及び執行が認められない。香港、マカオ及び台湾で下された仲裁判断は、内陸とそれぞれの地域との間の取決めに基づき、国外仲裁に似た承認手続を行った上で、執行手続を行う必要がある。

第3章
仲裁合意

有効な仲裁合意が存在することは､仲裁手続の前提であり､基本でもある。

当事者間で実際に紛争が生じてから紛争解決手段の選択について合意することは難しいので、仲裁手続を選択したい場合には、当初の契約に仲裁条項を入れておくことが肝要である。実務上、よくある仲裁合意の方法は、取引を開始する時点で、当事者が締結する売買契約、業務委託契約、ライセンス契約、合弁契約等に、仲裁合意を記載した仲裁条項を盛り込むというものである。

仲裁合意がなされた時期にかかわらず、仲裁合意の形式及び内容は仲裁合意の有効性に影響し、また仲裁手続にとって極めて重要である。適切に記載された仲裁合意は、スムーズかつ効率的な紛争解決をもたらすのに対し、仲裁合意をドラフトする際に細心の注意を払わなかった場合には、その実行可能性及び仲裁判断の執行可能性に悪影響が生じることが多い。

中国では､仲裁条項の瑕疵（例えば､紛争解決の手段として仲裁と訴訟の両方を定めることや仲裁合意の要件を満たさないこと等）によるトラブル事例がよく見受けられる。その一部は、最終的に有効な仲裁合意であると判断されるが、その有効性をめぐる仲裁機関や人民法院での対応に無駄な時間と費用がかかってしまう。

仲裁合意に関する不確定要素を排除し、不要なコストを回避するために、契約交渉においては、仲裁条項を、その他ビジネス条項と同様に重要視し、細心の注意を払うことが重要である。

1　仲裁合意の要件

(1) 形式的要件

仲裁法第16条1項には、「仲裁合意には、契約書に定める仲裁条項及びその他の書面方式で紛争発生前又は紛争発生後になされた仲裁申立の合意を含む。」と規定されている。当該規定に基づき、中国では、仲裁合意は書面にて締結する必要があると解される。但し、ここでいう「書面」について、紙媒体が必須というわけではない。仲裁法司法解釈第1条に基づき、「その他の書面方式」の仲裁合意には、「契約書、書簡及び電子データ文（電報、テレックス、ファクシミリ、電子データ交換及び電子メールを含む）等の形式により成立した仲裁申立の合意」が含まれる。

この点について、ニューヨーク条約にも同じ旨の規定がある。同条約第2条1項には「各締約国は、契約に基づくものであるかどうかを問わず、仲裁による解決が可能である事項に関する一定の法律関係につき、当事者の間にすでに生じているか、又は生ずることのある紛争の全部又は一部を仲裁に付託することを当事者が約した書面による合意を承認するものとする。」と規定され、同条2項には「『書面による合意』とは、契約中の仲裁条項又は仲裁の合意であって、当事者が署名したもの又は交換された書簡若しくは電報に載っているものを含むものとする。」と規定されている。

上記の規定にかかわらず、仲裁合意の有無に関する不要なトラブルを回避するために、電子データではなく、正式な書面を交わすことが望ましいと言える。中国の民法典第490条1項に基づき、当事者が契約書の形式を採用して契約を締結する場合は、当事者の署名押印又は指印時に契約は成立する。中国では、日本のような印鑑登録制度はないため、実務上、特に重要な契約書を締結する際に、会社の捺印に加えて、法定代表者による署名及び意思決定機関の決議書面の提出を求めることが一般的である。

なお、契約において紛争の解決につきその他の契約、文書の有効な仲裁条項を適用する旨を約定している場合において、紛争が生じたときは、当事者はかかる仲裁条項に基づいて仲裁を申し立てなければならない（仲裁法司法解釈第11条）。例えば、外国投資者と中国投資者との合弁事業に関して、当事者間では、合弁契約のほかに、技術ライセンス契約、商標ライセンス契約、人材派遣契約及び原材料の供給や商品の売買の契約等複数の契約書を締結することも稀ではない。当該契約において、それぞれの仲裁条項を定めることも少なくないが、全て合弁契約の仲裁条項を適用すると定めることもよく見られる方法である。

(2) 実質的要件

仲裁法第16条2項によれば、仲裁合意には、①仲裁申立の意思表示、②仲裁に付する事項、及び③選定する仲裁委員会を含めなければならないとされている。よって、中国での有効な仲裁合意は、「終局的に仲裁により紛争を解決する旨の意思表示」、「仲裁に付する事項」及び「選定する仲裁機関」の三つの要件を含める必要がある。当事者が仲裁に付する事項を契約紛争とすると概括的に約定している場合、契約の成立、効力、変更、譲渡、履行、違約責任、解釈、解除等に基づいて生じる紛争は、いずれも仲裁に付する事項と認定することができる（仲裁法司法解釈第2条）。なお、仲裁法第17条によれば、①約定した仲裁に付する事項が法律に定める仲裁の範囲を超える場合、②民事行為無能力者又は民事行為制限能力者がなした仲裁合意、及び③一方が脅迫の手段を用い、相手側に仲裁合意を強いた場合には、仲裁合意は無効である。

一見シンプルな要件であるが、実務上、契約作成者の知識不足、ミス等により、仲裁合意が無効と判断されるケースは多々ある。仲裁法司法解釈第3条から第7条は、仲裁合意の有効性の判断が難しい典型的なパターンを列挙して、以下のルールを定めている。

① 仲裁合意に約定している仲裁機関の名称が正確でないが、具体的な仲裁機関を確定できる場合は、仲裁機関を選定しているも

のとして認定しなければならない。例えば、最高人民法院(2005)民四他字第50号回答[1]に基づくと、「中国又は天津対外国際貿易促進委員会」における「天津対外国際貿易促進委員会」は存在しないため、「中国対外国際貿易促進委員会」を約定したことになる。「中国対外国際貿易促進委員会」は仲裁機関ではないが、その傘下にはCIETACという仲裁機関がある。よって、当事者はCIETACによる仲裁を選定していると判断された。

② 仲裁合意において紛争に適用する仲裁規則のみを約定している場合、仲裁機関について約定していないとみなす。但し、当事者が補充合意を定めている場合、又は約定した仲裁規則に基づき仲裁機関を確定できる場合はこの限りではない。例えば、2012年1月1日に発効したICCの新仲裁規則（2012年版）第6条2項は、当事者がICC仲裁規則に従い仲裁を行うと同意したことは、ICCによる仲裁に同意したことと同じである旨を明記した。それを受けて、2013年3月、「最高人民法院の安徽省高級人民法院の問い合わせに対する回答（【2013】民四他字第13号）[2]」は、ICC仲裁規則に従って、上海での仲裁に関する仲裁合意の効力を認めた。

③ 仲裁合意において二つ以上の仲裁機関を約定している場合は、当事者は合意により仲裁申立についてそのうちのいずれかの仲裁機関を選択することができる。当事者が仲裁機関の選択について合意することができない場合は、仲裁合意は無効とする。

④ 仲裁合意において、ある地域の仲裁機関によって仲裁することを約定しており、かつ同地に仲裁機関が1つしかない場合は、当該仲裁機関を約定した仲裁機関とみなす。同地に2つ以上の仲裁機関がある場合は、当事者は合意により仲裁申立についてそのうちのいずれかの仲裁機関を選択することができる。当事者が仲裁機関の選択について合意することができない場合は、仲裁合意は無効とする。

⑤ 当事者が、紛争につき仲裁機関に仲裁を申し立てることができ、

1 「仲裁合意の効力の確認に関する報告についての回答」（2005年12月30日公布）
2 「申立人安徽省龍利得包装印刷有限公司と被申立人BP Agnati S.R.Lによる仲裁合意の効力確認申立に関する報告についての回答」（2013年3月25日公布）

また、人民法院に提訴することもできると約定している場合は、仲裁合意は無効とする。但し、一方が仲裁機関に仲裁を申し立て、他の一方が仲裁法第20条2項[3]に定める期間内に異議を申し立てていない場合はこの限りではない。

なお、仲裁合意に仲裁に付する事項又は仲裁機関について約定がない、又は約定が不明確である場合には、当事者は、合意を追加することができる。但し、追加の合意がなされないときは、仲裁合意は無効である（仲裁法第18条）。

2　仲裁合意の独立性

仲裁法第19条1項は、「仲裁合意は、独立して存在し、契約の変更、解除、終了又は無効は、仲裁合意の効力に影響を与えない」と定めている。当該規定を根拠として、仲裁法司法解釈第10条は、「契約成立後、まだその効力が発生しない場合又は取り消された場合における仲裁合意の効力の認定については、仲裁法第19条1項の規定を適用することになる」、「また、当事者が契約締結時に紛争について仲裁合意を定めている場合は、契約が成立しなくとも仲裁合意の効力に影響を及ぼさない。」と定めている。なお、この点について、（2019）最高法民特1号裁定書が参考事例として挙げられる。その対象事件おいて、一方当事者（BVIのLuck Treat Limited）が仲裁合意（深圳国際仲裁院による仲裁）を含む契約のドラフトを他方当事者（中国深圳市の中苑城商業投資控股有限公司）に送付し、他方当事者がこれに捺印して返送した。その後の交渉に当該仲裁合意について争いがなかったため、たとえ最終的に契約が成立しなくとも、仲裁合意は有効であると判断された。

仲裁合意の独立性について、上記仲裁法及び仲裁法司法解釈のほかに、仲裁機関の仲裁規則に関連規定を設けることもある。例えば、CIETAC仲裁規則（2015年版）第5条4項は、「契約に規定された仲裁条項は、契約

[3] 当事者は、仲裁合意の効力について異議を有する場合には、仲裁廷の最初の開廷審理の前に申し立てなければならない。

のその他の条項と分離及び独立して存在する条項であるとみなさなければならない。契約に付属する仲裁合意も、契約中のその他の条項と分離及び独立して存在する一部分であるとみなさなければならない。契約の変更、解除、終了、譲渡、失効、無効、効力の未発生、取消及び成立の有無は、仲裁条項又は仲裁合意の効力に一切影響を及ぼさない。」と定めている。また、2021年1月1日より施行されている民法典第507条においても、「契約が効力を発生せず、無効であり、取り消され、又は終了したとしても、契約中の紛争解決方法に関する条項の効力には影響を及ぼさない。」と規定されている。

3　仲裁合意に対する異議及びその管轄

中国では、当事者は、仲裁合意の効力について異議を有する場合には、仲裁委員会に決定を求め、又は人民法院に裁定を求めることができる。但し、異議の申立は、仲裁廷の最初の開廷審理の前にしなければならない（仲裁法第20条1項前段、同条2項）。当事者が仲裁廷の最初の開廷前に仲裁合意の効力に対して異議を提出せず、その後に人民法院に仲裁合意の無効確認を申し立てた場合は、人民法院はこれを受理しない（仲裁法司法解釈第13条1項）。また、仲裁機関が仲裁合意の効力に対して決定を下した後に、当事者が人民法院に仲裁合意の効力の確認を申し立て、又は仲裁機関の決定の取消しを申し立てた場合は、人民法院はこれを受理しない（仲裁法司法解釈第13条2項）。なお、一方当事者が仲裁委員会に決定を求めた場合において、他方当事者が人民法院に裁定を求めたときは、人民法院が裁定する（仲裁法第20条1項後段）。

当事者が人民法院に仲裁合意の効力の確認を申し立てた事件は、仲裁合意に約定する仲裁機関の所在地の中級人民法院が管轄する。仲裁合意に約定する仲裁機関が不明確である場合は、仲裁合意の締結地又は被申立人の住所地の中級人民法院が管轄する（仲裁法司法解釈第12条1項）。一方、渉外仲裁の仲裁合意の効力の確認申立事件は、仲裁合意に約定する仲裁機関の所在地、仲裁合意の締結地又は申立人又は被申立人の住所地の中級人民法院が管轄する（仲裁法司法解釈第12条2項）。海事海商紛争の仲裁合意の効力にかかわる事件は、仲裁合意に約定する仲裁機関の所在地、仲裁合意の締結地、申立人又は被申立人の住所地の海事法院が管轄し、当該場所に海事法院がない場合は、最寄りの海事法院が管轄することになる（仲裁法司法解釈第12条3項）。

4　仲裁条項の作成

入念に作成された仲裁条項は、契約違反を事前に防ぐという観点から、コスト的にも時間的にも効率的な紛争解決につながる。

但し、実務上、契約の当事者や交渉の担当弁護士が仲裁条項の作成にあまり時間をかけず、ほかの案件で使った条項の文言をそのまま流用するケースがしばしば見受けられる。その原因としては、①仲裁条項の交渉は、通常、契約交渉の最終段階に残されることが多く、この段階では、重要なビジネス条項については既に合意ができており、緊張が緩んだ状態になっていることが多いこと、②中国での契約交渉において、外国企業には、中国企業の交渉担当者（特に、ポジションが高い人の場合）の体面を慮り、紛争解決条項については意図的に強調しない傾向があることが挙げられる。

しかしながら、近年、欧米企業との取引の増加に伴い、欧米のビジネス習慣の影響を受け、また、取引の複雑化によって紛争が生じる頻度も高くなっており、中国企業は、契約における紛争解決条項の重要性を意識し、積極的に交渉の場に持ち出し始めている。

(1)　仲裁条項

中国企業とのビジネス契約における仲裁条項を見ると、次の参考条項のように、きわめてシンプルなパターンと複雑なパターンの二極化がみられる。但し、実務上、いずれのパターンがよいかについては、一概には言えない。一般論として、取引金額が大きく、複雑な案件の場合は、当事者が紛争解決条項を重要視し、交渉を重ねた結果、条文が長く、複雑になる傾向がある。

仲裁条項のサンプル

シンプルなパターン：

第○条（紛争解決）

本契約の解釈、履行その他の本契約に関係のある事項又は合弁会社に関係するその他の事項について合弁当事者間に発生した一切の紛争については、中国の北京に所在する中国国際経済貿易仲裁委員会において、仲裁を申し立てた時点で同委員会の有効な仲裁規則に従って、仲裁により解決しなければならない。

複雑なパターン：

第○条（紛争の協議解決）

本契約の解釈、履行その他の本契約に関係のある事項又は合弁会社に関係するその他の事項について合弁当事者間に発生した一切の紛争については、合弁当事者が相互理解の精神に基づき友好的な協議を通じて解決をはかるものとする。

第○条（仲裁の合意）

1　前条の友好的協議を開始してから○月を経過しても紛争を解決することができない場合には、合弁当事者は、合弁当事者間の全ての紛争を仲裁により解決しなければならない。

2　前項の仲裁は、甲（中国企業）が被申立人となる場合には、中国の北京に所在する中国国際経済貿易仲裁委員会において、仲裁を申し立てた時点で同委員会の有効な仲裁規則に従って行われるものとし、乙（日本企業）が被申立人となる場合には、日本国の東京に所在する一般社団法人日本商事仲裁協会において、仲裁を申し立てた時点で同協会の有効な仲裁規則に従って行われるものとする。

3　仲裁判断は終局的なものであり、仲裁当事者を均しく拘束する。仲裁費用は、仲裁機関により別途裁定されない限り敗訴した合弁当事者が負担する。

4　仲裁手続の期間中、仲裁が行われている部分と関係しない本契約中のその他の条項は有効であり、合弁当事者は継続して履行する義務を負う。

また、クロスボーダー取引においてよく利用されているのは、ロンドン国際仲裁裁判所が公表している次の参考条項[4]である。当該参考条項からみると、仲裁条項には、少なくとも仲裁人の人数、仲裁地、仲裁に用いられる言語及び契約の準拠法を定める必要がある。なお、中国企業とのビジネス契約では、準拠法を独立した条項として定めるのが一般的であり、また、仲裁人の人数や仲裁に用いられる言語については、指定する仲裁機関の仲裁規則に委ねるケースが多く見受けられる。

参考条項：
Any dispute arising out of or in connection with this contract, including any question regarding its existence, validity or termination, shall be referred to and finally resolved by arbitration under the Rules, which Rules are deemed to be incorporated by reference into this clause.
The number of arbitrators shall be [one/three].
The seat, or legal place, of arbitration shall be [City and/or Country].
The language to be used in the arbitral proceedings shall be [ ].
The governing law of the contract shall be the substantive law of [ ].

4 http://www.lcia.org//Dispute_Resolution_Services/LCIA_Recommended_Clauses.aspx

日本語訳：
本契約に起因し又は関連する一切の紛争については、本契約の存在、有効性又は終了に関する一切の疑義を含め、参照により本契約に組み込まれたとみなされるLCIAの仲裁規則に従い、最終的にかかる仲裁により解決されるものとする。
仲裁員の人数は（一人／三人）とする。
仲裁地は（都市及び／又は国）とする。
仲裁手続に用いられる言語は（　）とする。
本契約の準拠法は（　）の実体法とする。

(2) 仲裁地

仲裁地をどこにするか（どの国や地域の仲裁手続によることとするか）によって、仲裁合意の効力の審査[5]や仲裁手続に適用される法律が決まるのが一般的であるため、仲裁を推進し、少なくとも仲裁に対して友好的な関係にある国や地域を仲裁地とすることが重要である。

渉外仲裁の場合、外国企業にとっては、自らの所在地での仲裁手続を選択することが有利である場合が多い。しかし、中国企業からは、中国での仲裁手続を求められることが多く、必ずしも外国企業の所在地で仲裁手続を行うことで合意できるわけではない。そこで、外国企業の所在地での仲裁又は中国本土での仲裁のいずれかを単純に選択するのではなく、当事者双方が相手方の所在地で仲裁を提起できるとする交差条項や、中立地であるシンガポール、香港等の第三国・地域で仲裁を行うとする条項により、仲裁合意が行われる場合が少なくない。近時の中国企業との取引では、中国企業の交渉上の立場が強く、中国企業の主張を反映した契約を締結することが増えており、クロスボーダー取引でも中国本土での仲裁に合意せざるを得ない場合が多い。

[5]「仲裁法司法解釈」第16条に基づき、渉外仲裁合意の効力の審査については、当事者が約定した法律を適用する。当事者が適用する法律を約定していないが、仲裁地を約定していた場合は、仲裁地の法律を適用する。適用する法律を約定しておらず、

(3) 仲裁に用いられる言語

中国の民事訴訟法第262条によれば、人民法院は、渉外民事事件を審理する場合には、原則として中国語（中国において通用する言語、文字）を使用しなければならない。一方、渉外仲裁に用いられる言語については、当事者の合意に委ねられており、現行法に特段の規定はない。CIETAC仲裁規則（2015年版）第81条によれば、「当事者に仲裁言語につき約定がある場合は、その約定に従う。当事者が約定をしていない場合、仲裁手続においては中国語を仲裁言語とし、又は仲裁委員会が事件の具体的な状況に鑑みて確定するその他の言語を仲裁言語とする。」とされている。

実務上、外国企業にとっては、自国言語を選択することが有利であるが、中国企業からは、中国語を仲裁言語とすることを求められることが多く、必ずしも外国企業の自国言語を仲裁言語とすることで合意できるわけではない。交渉の結果、仲裁言語を仲裁条項に規定せず、仲裁規則や仲裁廷の判断に任せるケースも少なからず見受けられる。

(4) その他

上記の重要な記載事項のほかに、複雑なパターンのサンプル条項のように、仲裁前の相互協議や仲裁費用の負担等についても仲裁条項に規定するケースがよく見受けられる。また、特に、欧米企業との取引契約において、証拠の収集ルールや仲裁人を含めた当事者の秘密保持義務を仲裁条項に規定するケースもある。

かかる事項を定める際に、仲裁地や仲裁判断の執行地（執行する可能性がある地）の強制法規に反しないことに留意する必要があり、また紛争回避の観点から、明確に表現することが重要である。

かつ仲裁地も約定しておらず、又は仲裁地の約定が明らかでない場合は、裁判所所在地の法律を適用する。

よく利用される中国国内の仲裁機関のサンプル条項

仲裁機関名称	サンプル条項
中国国際経済貿易仲裁委員会（CIETAC）	本契約に起因し又は本契約に関連して生じるあらゆる紛争は、全て中国国際経済貿易仲裁委員会に提出し、仲裁を申し立てた時点で同委員会の有効な仲裁規則に従い、仲裁を行なうものとする。仲裁裁決は終局的なものであり、双方ともに拘束力を有する。
深圳国際仲裁院（SCIA）	本契約に起因し又は本契約に関連して生じるあらゆる紛争は、全て深圳国際仲裁院に提出し、仲裁にて解決するものとする。【当事者は、仲裁規則及び関連法律規定に基づき、仲裁条項において仲裁廷の組成方式、開廷場所、仲裁地、仲裁言語及び適用する法律等の事項を定めることが可能である。】
上海国際経済貿易仲裁委員会（上海国際仲裁センター）（SHIAC）	本契約に起因し又は本契約に関連して生じるあらゆる紛争は、全て上海国際経済貿易仲裁委員会／上海国際仲裁センターに提出し、仲裁にて解決するものとする。
北京仲裁委員会（BAC）	本契約に起因し又は本契約に関連して生じるあらゆる紛争は、全て北京仲裁委員会／北京国際仲裁センターに提出し、その仲裁規則に従い仲裁を行うものとする。仲裁裁決は終局的なものであり、双方に対して均しく拘束力を有する。
上海仲裁委員会（SAC）	本契約に起因し又は本契約に関連して生じるあらゆる紛争は、全て上海仲裁委員会に提出し、同委員会の仲裁規則に従い仲裁を行うものとする。仲裁裁決は終局的なものであり、双方ともに拘束力を有する。
広州仲裁委員会（GAC）	本契約に起因し又は本契約に関連して生じるあらゆる紛争は、全て広州仲裁委員会に提出し、同委員会の現行の仲裁規則に従い仲裁を行うものとする。仲裁裁決は終局的なものであり、双方ともに拘束力を有する。

5　仲裁合意の効力

仲裁合意は一種の契約であるため、その効力は、原則として、仲裁合意をした当事者のみに及ぶ。但し、実務上、次に掲げる例外もよく遭遇するため、留意が必要である。

① 当事者が仲裁合意を定めた後に合併又は分割した場合は、仲裁合意はその権利義務の承継人に対しても効力を有する（仲裁法司法解釈第8条1項）。

② 当事者が仲裁合意を定めた後に死亡した場合は、仲裁合意はその仲裁事項における権利義務の承継人に対しても効力を有する（仲裁法司法解釈第8条2項）。

③ 債権債務の全部又は一部を譲渡する場合は、仲裁合意は譲受人に対しても効力を有する。但し、債権債務の譲受時に譲受人が明確に反対している場合、又は単独の仲裁合意があることを知らない場合はこの限りではない（仲裁法司法解釈第9条）。

④ 受託者が自己の名で委託者の授権範囲内で第三者と締結する契約について、第三者が契約を締結する際に受託者と委託者との間の代理関係を知っていた場合には、当該契約は、受託者及び第三者を直接に拘束する（民法典第925条）。

なお、上記の例外事由において、当事者が仲裁合意の締結時に別段の定めをした場合は、別段の定めが優先適用されることになる。

仲裁合意が無効と判断された事例

仲裁合意	無効理由	裁定書番号
契約の双方又は一方は、紛争調停又は認定機関の書面結果を受領した後に、専用条項に定める次に掲げる方法のいずれかに従って紛争を解決することができる。 (1) 約定の仲裁委員会に仲裁を申し立てる。 (2) 管轄権を有する人民法院に訴訟を提起する。	当事者が、紛争につき仲裁機関に仲裁を申し立てることができ、また、人民法院に提訴することもできると約定していると認定された。 また、契約当事者は、事後に紛争解決方法について、改めて補充協議書を締結できなかった。 そのため、仲裁法第18条及び仲裁法司法解釈第7条に基づき、無効とされた。	(2020) 鄂01民特5号 (2020.12.21)
上記の紛争について友好的な協議により解決できなかった場合には、双方は、いずれも、当該紛争につき、湖北省仲裁委員会において、その時点で適用される仲裁規則に従って仲裁を行うことを求める権利を有する。	「湖北省仲裁委員会」は存在しない。また、申立人の住所は湖北省武漢市にあり、被申立人の住所は湖北省荊州市にあるため、契約に定める「湖北省仲裁委員会」が具体的にどの仲裁機関を指すのか確定できない。なお、武漢市と荊州市にはいずれも仲裁機関がある。 そのため、仲裁法第18条に基づき、無効とされた。	(2020) 鄂01民特486号 (2020.12.16)

契約に関連して、甲乙間に生じた紛争は、協議を通じて解決するものとする。協議により解決できなかった場合には、本契約の登記機関に調停を求めることができる。調停によりなお解決できなかった場合には、現地の仲裁委員会に仲裁を申し立てることができる。	「現地の仲裁委員会」の「現地」は曖昧で、不明確である。 浦発銀行蕪湖支店（乙）の所在地である蕪湖市、又は馬鞍山地産公司の所在地又は契約履行地である馬鞍山市の可能性がある。 馬鞍山市と蕪湖市にはいずれも仲裁機関があるため、双方は二つの仲裁機関を選定したが、いずれの仲裁機関にするか合意に達していないことがわかる。 そのため、仲裁法司法解釈第5条に基づき、無効とされた。	(2020) 皖05民特57号 (2020.12.14)
本契約の実施過程において紛争が生じた場合、双方は協議を通じて解決するものとする。協議により解決できなかった場合には、双方はいずれも仲裁を申し立てる権利を有する。	仲裁委員会について明確な約定がない。そのため、仲裁法第18条に基づき、無効とされた。	(2019) 鄂01民特539号 (2020.07.23)
本契約上の紛争解決方法は、仲裁申立時の当該委員会の有効な仲裁規則に従って、南寧で仲裁を行うことである。	中国では、一部の仲裁機関の現行仲裁規則に基づき、事件の実際の状況に応じて、ほかの地域で仲裁を行うことを排除していない。 従って、仲裁地のみを約定することは、仲裁機関を約定したとみなすことができない。 そのため、仲裁法第18条に基づき、無効とされた。	(2020) 桂01民特1号 (2020.05.23)
契約の履行により紛争が生じた場合、泉州仲裁委員会が仲裁する。	仲裁合意に関する書面はなく、口頭でなされた。 そのため、仲裁法第16条に基づき、無効とされた。	(2016) 閩民轄終86号 (2016.05.10)
「承諾書」により生じた紛争は仲裁に付する。	相手方当事者は仲裁に付することに明確に同意していない。 そのため、仲裁合意の存在は認められない。	(2015) 民四終字第67号 (2015.12.25)
本契約により又は本契約に関連して生じた全ての紛争について、双方は友好的な協議を通じて解決するものとする。 協議により解決できなかっ	当該仲裁合意は仲裁判断の終局性に違反している。また、当事者は、仲裁判断の終局性について、別途合意に達することができなかった。 本件仲裁合意には、当事者が仲裁判断の終局的な拘束を受ける意思表示	(2015) 三中民（商）特字第12982号 (2015.10.23)

た場合には、北京市仲裁委員会に仲裁を申し立てる。仲裁判断に不服がある一方は、訴訟を提起することができる。	がないと思われる。 そのため、仲裁法第9条、第16条及び第18条に基づき、無効とされた。	
本契約の履行について紛争が生じた場合、双方は友好的な協議を通じて解決をはかるものとする。 協議により解決できなかった場合には、北京に所在する仲裁委員会の仲裁により解決することができる。	北京には、北京仲裁委員会及び中国国際経済貿易仲裁委員会の二つの仲裁機関がある。 双方は仲裁機関の選択について別途合意することができなかった。 そのため、仲裁法司法解釈第6条に基づき、無効とされた。	(2015) 高民(商)終字第02406号(2015.06.04)
本契約の履行にあたり、定めのない事項又は生じた紛争について、甲乙双方は友好的な協議を通じて解決をはかるものとする。協議が調わなかった場合には、契約締結地の仲裁機関に解決を求めることができる。	双方の意思は「仲裁機関に解決を求める」ことのみであり、その紛争について仲裁機関の仲裁に付する明確な意思表示がない。 また、双方の仲裁合意には、仲裁に付するという明確な内容もない。 そのため、仲裁法第16条に基づき、無効とされた。	(2014) 宝中民二初字第00128号(2014.09.23)
本契約上又は本契約に関連するすべての紛争、及び友好的に解決できないすべての紛争は、仲裁により解決するものとする。仲裁は、CIETAC調停及び仲裁規則に従って行い、北京で行うものとする。	双方は「仲裁はCIETAC調停及び仲裁規則に従って行う」ことを約定したが、双方が約定した仲裁機関が当然にCIETACであると推定することができない。 なぜかというと、双方当事者は、その他の仲裁機関を選定したうえで、CIETAC仲裁規則を適用する旨の仲裁合意を約定することもできるからである。 また、当事者は、別途補充協議書を締結して仲裁機関を確定することもできなかった。 そのため、仲裁法司法解釈第4条及び仲裁法第18条に基づき、無効とされた。	(2006) 二中民特字第14739号

第4章
仲裁における法律適用

仲裁合意は、主契約の一部を構成する仲裁条項であるのか、主契約から独立した協議書であるのか、その存在形式の如何を問わず、主契約とはそれぞれ独立した法律関係である。この点について、仲裁法第19条1項は「仲裁合意は、独立して存在し、契約の変更、解除、終了又は無効は、仲裁合意の効力に影響を与えない。」としている。また、2021年1月1日より施行されている民法典第507条には、「契約が効力を発生せず、無効であり、取り消され、又は終了したとしても、契約中の紛争解決方法に関する条項の効力には影響を及ぼさない。」という規定もある。

従って、仲裁条項が含まれる契約書の準拠法については、厳密にいうと、主契約の準拠法と仲裁合意の準拠法に分けて定める必要がある。中国ビジネス契約の実務上、主契約の法律適用に関する準拠法条項を契約書の紛争解決条項とセットで設けることは多いが、仲裁合意の準拠法まで明記するケースは非常に少ない。

国内仲裁の場合は、当事者による準拠法の選択が認められない。仲裁合意の準拠法条項がなくても、仲裁機関の仲裁規則に従い、仲裁手続をスムーズに行われるのがほとんどである。一方、渉外仲裁の場合は、契約に適用する法律を合意により選択することができる。仲裁合意の準拠法条項を約定せず、又は約定が不明確であることによって、仲裁手続に大きな支障が生じるケースが少なからず見受けられる。

1　実体準拠法

実体準拠法は、仲裁廷が仲裁に付された紛争の実体問題を審理する際に、適用する法律であり、主契約の準拠法条項で指定される法律である。

民法典第12条は、「中華人民共和国領域内の民事活動には、中華人民共和国の法律を適用する。法律に別段の定めのある場合には、当該定めによる。」と定めている。また、渉外民事関係法律適用法第41条は、「当事者は、契約に適用する法律を合意により選択することができる。当事者間に選択がないときは、義務の履行によって当該契約の特徴を最もよく具現しうる一方の当事者の常居所地の法律又は当該契約と最も密接な関係を有するその他の法律を適用する。」と定めている。

上記法律規定に基づくと、中国では、渉外要素のない契約の場合は、原則として、中国法を適用しなければならず、渉外要素のある契約の場合は、当事者間の合意により準拠法を選択することが可能である。なお、実務上、当事者間の準拠法に関する合意はないものの、渉外要素のない契約であるため、中国法に準拠しなければならない、又は準拠法を選択する問題が生じないと明確に判示した裁判例が少なからず見受けられる[1]。

一般論として、準拠法を選択する際には、調査等の準拠法を把握するためのコスト、予見可能性及び適用される法律の内容を考慮しなければならない。日中間のクロスボーダー取引契約の交渉において、日本企業が日本法の選択を主張し、中国企業が中国法の選択を主張することが一般的であるが、最終的には当事者間の力関係で日本法又は中国法を決めることになる。なお、コストや予見可能性等を踏まえて第三国法を提案することは稀である。

[1] 例えば（2005）佛中法民四初字第107号、（2002）蘇民三終字第096号等。

準拠法条項のサンプル

> 第●条（準拠法）
> 本契約の制定、効力、解釈、履行及び紛争の解決並びにその他本契約に関する事項は、全て中国法／日本法の適用を受ける。

(1) 最も密接な関係がある地の法律適用等

典型的な渉外民事関係に適用する法律については、渉外民事関係法律適用法第6章及び第7章に基づくと、下表のとおりとなる。

番号	契約	適用する法律
①	消費者契約	消費者の常居所地の法律を適用する。
		消費者が商品、サービス提供地の法律の適用を選択したとき又は事業者が消費者の常居所地において関連事業活動に従事していないときは、商品、サービス提供地の法律を適用する。
②	労働契約	労働者の労務提供地の法律を適用する。
		労働者の労務提供地を確定し難いときは、使用者の主たる営業地の法律を適用する。
		労働者派遣には、労働者派遣元の地の法律を適用する。
③	権利侵害責任	権利侵害行為地の法律を適用する。
		当事者に共通常居所地があるときは、共通常居所地の法律を適用する。
		権利侵害行為が発生した後、当事者が適用する法律を合意により選択したときは、その合意に従う。
④	製造物責任	被害者の常居所地の法律を適用する。
		被害者が侵害者の主たる営業地の法律、損害発生地の法律の適用を選択するとき、又は侵害者が被害者の常居所地において関連事業活動に従事していないときは、侵害者の主たる営業地の法律又は損害発生地の法律を適用する。
⑤	インターネットによる人格権の侵害	被害者の常居所地の法律を適用する。

⑥	不当利得、事務管理	当事者が合意により選択した法律を適用する。当事者間に選択がないときは、当事者の共通常居所地の法律を適用し、共通常居所地がないときは、不当利得、事務管理発生地の法律を適用する。
⑦	知的財産権の帰属及び内容	保護請求が行われた地の法律を適用する。
⑧	知的財産権の譲渡及び許諾使用	当事者が合意により選択した法律を適用する。当事者間に選択がないときは、最も密接な関係を有する地の法律を適用する。
⑨	知的財産権に係る権利侵害責任	保護請求が行われた地の法律を適用する。当事者は、権利侵害行為の発生後に人民法院所在地の法律の適用を合意により選択することもできる。

(2) 中国法の強制適用

渉外民事関係法律適用法第4条に基づき、中国の法律に渉外民事関係につき強行規定があるときは、当該強行規定が直接適用される。その典型例としては、中国国内において履行する中外合弁企業契約、中外合作企業契約及び中外合作自然資源探査開発契約が挙げられる。民法典第467条2項に基づくと、当該契約については、中国の法律が適用されることになる。

また、外国の法律を適用すると中国の社会公共の利益を損ねる場合には、中国の法律が適用される（渉外民事関係法律適用法第5条）。具体的に言うと、例えば、労働者の権益保護に係わるもの、食品又は公衆衛生の安全に係わるもの、環境の安全に係わるもの、為替管理等の金融の安全に係わるもの、独占禁止、アンチダンピングに係わるもの、及び強行規定と認定すべきその他の事由に該当し、中国の社会公共の利益に係わる場合は、当事者が約定により適用を排除することができず、国際私法指針による必要なく、中国の法律が適用される（「渉外民事関係法律適用法」適用の若干問題に関する解釈㈠第8条）。

2　仲裁合意準拠法

仲裁合意準拠法は、仲裁合意そのものの有効性等を判断する際に適用される法律である。仲裁合意の有効性に関係するために重要な意味を有するが、中国の実務上、契約書に仲裁合意の準拠法まで明記するケースは非常に少ない。

渉外民事関係法律適用法第18条に基づき、渉外要素のある民商事契約について、当事者は、仲裁合意に適用する法律を合意により選択することができるが、当事者間に選択がないときは、仲裁機関所在地の法律又は仲裁地の法律を適用することになる。当事者が仲裁合意に適用する法律を選択せず、仲裁機関又は仲裁地も約定せず、又は約定が不明確である場合は、人民法院は、中国の法律を適用し、当該仲裁合意の効力を認定することができる（「渉外民事関係法律適用法」適用の若干問題に関する解釈（一）第12条）。

また、最高人民法院が2017年12月26日に公布した「仲裁司法審査事件の審査に関する若干問題についての規定」第14条に基づくと、当事者が仲裁合意に適用する法律を選択していない場合には、仲裁機関所在地又は仲裁地の法律を適用することになるが、仲裁機関所在地の法律を適用するときと仲裁地の法律を適用するときとで仲裁合意の効力について異なる認定がなされる場合には、人民法院は、仲裁合意が有効と認定する法律を適用しなければならない。

3　仲裁手続法

仲裁手続法は、仲裁手続（仲裁人の権限及び義務、証拠に関する事項、保全措置、仲裁判断の取消等）について準拠すべき法律である。一般的には、仲裁手続法は、仲裁地の法律になる。当事者が選択した仲裁規則の適用外にあたる仲裁手続に関しては、多くの場合、仲裁地の国内法が適用される。

なお、ここでいう仲裁地（seat of arbitration）は、仲裁が物理的にいずれの場所（即ち、尋問地／venue）で手続を実施するかとは異なる概念である。例えば、仲裁地を東京とする仲裁事件において、当事者間の都合等により、実際の尋問を北京で行うことが考えられる。

4　外国法の証明

渉外民事関係法律適用法第10条1項は、「渉外民事関係に適用する外国の法律は、人民法院、仲裁機関又は行政機関が調査し明らかにする。当事者が外国の法律の適用を選択したときは、当該国の法律を提供しなければならない。」と定めている。当該規定に基づくと、仲裁機関は、外国法を調査し明らかにする必要があるが、当事者が外国法の適用を選択した場合には、当事者に立証責任がある。

実務上、当事者が提供するほかに、司法互助条約を交わしている国の政府機関による提供、中国の対象国の大使館や領事館による提供、法律の専門家による提供のルートを経由して、外国法の内容を確認することが考えられる。

なお、外国の法律を調査により明らかにできないとき、又は当該国の法律に規定がないときは、中国の法律を適用することになる（渉外民事関係法律適用法第10条2項）。

第5章
仲裁機関

中国では、原則として、常設の仲裁機関に仲裁を付託して行われる、いわゆる機関仲裁のみが認められる。仲裁機関に頼らずに、事件ごとに当事者間での合意に基づいて手続するアドホック仲裁（中国語では「臨時仲裁」という）は原則として認められない。

仲裁機関については、仲裁法第14条は、「仲裁委員会は、行政機関から独立し、行政機関との間に隷属関係はないものとする。各仲裁委員会の間にも隷属関係はない。」と定め、「行政仲裁」から「民間仲裁」への転身を図ってきた。

しかし、依然として、地方政府は、仲裁法第10条2項の「仲裁委員会は、前項に定める市の人民政府が、関連部門及び商会に統一的に設置させる。」との規定に基づき、地方の仲裁委員会の設置に積極的に関与することができる。また、一部の地方の仲裁委員会は、事件が少ないため、自らの収入だけでは経費をまかなうことができず、存続の危機に直面し、地方政府の財政支援に頼っている。更に、一部の地方の仲裁委員会では、地方政府担当官が仲裁人を兼任したり、重大事件の場合に、仲裁判断を下す前に地方政府の関連政府部署の意見を聴取したりすることがある。

よって、地方の有力企業との取引契約に関する紛争解決においては、人民法院の地方保護主義を回避するために仲裁を選択するのがよいと一般論としてよく言われるが、地方の仲裁委員会を仲裁機関として指定した場合には、地方保護主義を完全に払拭できないケースもあることに留意が必要である。

1　よく利用される中国国内の仲裁機関

(1) 中国国際経済貿易仲裁委員会（CIETAC）

中国での仲裁手続においては、渉外仲裁を中心に取り扱っているCIETACがよく利用されている。CIETACは、本部が北京にあり、深圳、上海、天津、重慶、杭州、武漢、福州、西安、南京、成都、済南、海口にそれぞれ華南分会、上海分会、天津国際経済金融仲裁センター（天津分会）、西南分会、浙江分会、湖北分会、福建分会、シルクロード仲裁センター、江蘇仲裁センター、四川分会、山東分会及び海南仲裁センターを設立し、また、香港に香港仲裁センター、カナダのバンクーバーに北米仲裁センター、オーストリアのウイーンに欧州仲裁センターを設立している。

CIETAC受理事件数[1]

年度	渉外事件	国内事件	合計
2020	739	2876	3615
2019	617	2716	3333
2018	522	2440	2962
2017	476	1822	2298
2016	483	1698	2181
2015	437	1531	1968

(2) 地方の仲裁委員会

中国には、CIETACのほかに、その所在地とかかわりのある紛争事件を中心に取り扱っている地方の仲裁委員会が多数存在する。

2020年12月23日に公布された「最高人民法院による商事仲裁司法審査年度報告（2019年）」によれば、2019年末時点において、中国国内には、260か所の仲裁機関があるとされている。そのうち、北京仲裁委員会及び

1　http://www.cietac.org.cn/index.php?m=Page&a=index&id=24

上海仲裁委員会等の大都市の仲裁委員会には、豊富な実務経験が蓄積されており、中国投資者にとどまらず、外国投資者からも高いレピュテーションを維持している。但し、大部分の地方の仲裁委員会については、仲裁人の質が低いこと、国際間紛争処理の経験が少ないこと、地方保護のおそれがあることから、外国投資者が実務で利用することは少ない。

よく利用される中国国内の仲裁機関

名称	設立年	ウェブサイト
中国国際経済貿易仲裁委員会（CIETAC）	1956年	www.cietac.org.cn
深圳国際仲裁院（SCIA）	1983年	www.scia.com.cn
上海国際経済貿易仲裁委員会（上海国際仲裁センター）（SHIAC）	1988年	http://www.shiac.org/SHIAC/index.aspx
北京仲裁委員会（BAC）	1995年	www.bjac.org.cn
上海仲裁委員会（SAC）	1995年	www.accsh.org
広州仲裁委員会（GAC）	1995年	www.gzac.org

(3) 仲裁機関の秘書

事件を受理した後、仲裁機関は、通常1人の仲裁秘書を指名して、仲裁事件の手続の管理に協力させることになる。

中国の仲裁機関の秘書は、事件受理に関する相談、仲裁費用の計算、保全文書の転送、仲裁廷組成への協力、仲裁廷と当事者間の書面の送付、仲裁手続に関する連絡、開廷前の準備作業及び開廷記録の作成等を担当し、仲裁手続において非常に重要な役割を果たしている。仲裁機関の秘書がスピーディーに仲裁廷と当事者との間の連絡を行わないことによって、仲裁手続上の瑕疵がもたらされ、最終的には仲裁判断の有効性や執行可能性に悪影響がもたらされるおそれがある。

よって、実務上、仲裁機関を選択する場合、その仲裁秘書のレピュテーションも考慮要素の一つとなる。

2　CIETAC北京本部と上海分会及び華南分会の離脱騒動

(1) SHIAC及びSCIAの成立

2012年5月1日施行のCIETACの仲裁規則（2012年改正版）に反発[2]した当時のCIETACの上海分会及び華南分会が、北京本部からの独立を宣言し、上海市及び深圳市・広東省といった地元政府の支持を受けて、それぞれ新たに独自の仲裁規則を制定し、名称も「上海国際経済貿易仲裁委員会（上海国際仲裁センター）」（2013年5月1日付変更、以下「SHIAC」という）、「華南国際経済貿易仲裁委員会（深圳国際仲裁院）」（2012年12月1日付変更、以下「SCIA」という）に変更した。

これに対し、CIETAC北京本部は、2012年12月31日に、上海分会及び華南分会による独自の仲裁規則の制定は無効であるとし、両分会への授権を終止し、当事者がCIETAC上海分会又はCIETAC華南分会を仲裁機関とする仲裁合意を行った場合でも、全てCIETAC北京本部に対して仲裁を申し立てなければならない旨を公告した。

このような経緯により、CIETACは分裂し、その上海分会及び華南分会は、北京本部から離脱して、CIETACとは別個の仲裁機関となることに至った。

(2) CIETAC分裂の実務への影響

かかるCIETACの分裂後、CIETAC北京本部は、上記のとおり、分離したSHIAC（旧CIETAC上海分会）及びSCIA（旧CIETAC華南分会）は無効な仲裁機関であり、CIETAC上海分会及びCIETAC華南分会を仲裁機関とする仲裁合意については、まずCIETAC北京本部に仲裁を申し立てなければならないとの立場を採ったのに対し、SHIAC及びSCIAは、CIETAC上海分会及びCIETAC華南分会を仲裁機関とする仲裁合意に基づく仲裁申立を受け付けたことから、CIETAC分裂以前になされた仲裁

[2] 具体的には、CIETACに関する仲裁合意においてその本部又は分会の選定に関する明確な合意がない場合、一律本部に申立をしなければならない、という改正に強く反発した。

合意の効力や、CIETAC、SHIAC及びSCIAにより下された仲裁判断の効力・執行可能性が不明確となり、実務に混乱が生じた。

特に、CIETACは中央レベルの組織である中国国際貿易促進委員会によって設立・組織された仲裁機関であるのに対して、SHIAC及びSCIAについては、上海市及び広東省による地方レベルの仲裁機関であることから、上海市及び広東省以外の地域において、どの程度有効性が認められ得るかが問題となった。中でも、2013年に、蘇州中級人民法院及び寧波中級人民法院が、それぞれSHIACの仲裁判断の効力を否定する旨の裁定を下し[3]、その後それぞれの上級人民法院が当該各裁定を訂正（SHIACの仲裁判断の効力を肯定した）した事件は、CIETAC分裂に対する関心を更に高める結果となった。

(3) 最高人民法院による通知

かかる実務の混乱に対応するため、最高人民法院は、2013年9月4日に、「仲裁の司法審査事件の正確な審理に関する問題の通知」（法【2013】194号）を公布し、人民法院に対して、CIETACの分裂に起因して、仲裁合意の効力の確認が申し立てられた事件、又は、CIETAC、SHIAC若しくはSCIAの仲裁判断の取消が申し立てられた事件については、人民法院が裁定を下す前に、最高人民法院の回答を受けることを要求した。

当該通知は、仲裁合意の効力及び仲裁判断の効力・執行可能性について、最高人民法院として明確な解釈を示すものではなかったが、全国的な判断の統一を図る体制が整えられたことにより、以後は混乱が収束していくことが期待されていた。

(4) CIETACによるCIETAC上海分会及びCIETAC華南分会の再編

しかし、その後、CIETACが、2014年12月31日に、SHIAC及びSCIAの離脱後は「秘書局」の名称で残存していた、CIETACの上海市及び深圳市の出先機関について、改めて「CIETAC上海分会」と「CIETAC華

[3] 蘇州中級人民法院による（2013）蘇中商仲審字第0004号「民事裁定書」及び寧波中級人民法院による（2013）浙甬執裁字第1号「執行裁定書」

南分会」として再編することを発表し、仲裁合意において「CIETAC上海分会」又は「CIETAC華南分会」と規定されている事件に関しては、以後これらの組織が、仲裁申立を受理し、CIETACの授権を得ていない限り、その他の仲裁機関は受理する権限を有しない旨を宣言したため、仲裁合意及び仲裁判断の効力に関する問題が改めて顕在化することとなった（なお、便宜上、CIETAC分裂前のCIETAC上海分会及びCIETAC華南分会を、それぞれ「旧CIETAC上海分会」及び「旧CIETAC華南分会」といい、CIETACによる再編後のCIETAC上海分会及びCIETAC華南分会を、それぞれ「新CIETAC上海分会」及び「新CIETAC華南分会」という）。

(5) 最高人民法院によるCIETAC分裂後の仲裁管轄に関する司法解釈

以上のような状況の中、最高人民法院は、2015年7月15日に、「上海市高級人民法院等に対する中国国際経済貿易仲裁委員会及びその元分会等仲裁機関の仲裁判断に関わる司法審査事件の意見請求問題についての回答（法釈【2015】15号）」（以下「本司法解釈」という）を公布し、2012年以来のCIETACの分裂に起因する仲裁合意及び仲裁判断の効力に関する問題について、人民法院における仲裁に係る管轄権の所在に関する解釈及び取扱いを明確にした。

本司法解釈においては、「CIETAC上海分会又はCIETAC華南分会を仲裁機関とする」旨の仲裁合意に基づく、仲裁に係る管轄権の所在に関する取扱いについて、当該仲裁合意の時期に応じて、下表のとおり整理された（本司法解釈第1条）。

仲裁合意の時期		管轄権の所在
本司法解釈の施行前	旧CIETAC上海分会及び旧CIETAC華南分会のSHIAC及びSCIAへの名称変更前	SHIAC又はSCIAが管轄権を有する。

	旧CIETAC上海分会及び旧CIETAC華南分会のSHIAC及びSCIAへの名称変更後（変更日を含む）	CIETACが管轄権を有する。但し、SHIAC又はSCIAに仲裁が申し立てられ、仲裁被申立人がこれに異議を申し立てることなく仲裁判断がなされた後に、当事者がSHIAC又はSCIAの管轄権の不存在又は仲裁判断の取消し若しくは不執行を申し立てたとしても、人民法院は当該主張を支持しない。
本司法解釈の施行後（施行日を含む）		CIETACが管轄権を有する。

また、本司法解釈においては、仲裁申立人が仲裁機関に対して仲裁申立と同時に当該仲裁機関の管轄権を認める旨の決定を求め、仲裁機関が仲裁合意の有効性を認めて当該事件に関する管轄権を有することを決定した後であっても、仲裁被申立人が仲裁の最初の開廷審理の前に人民法院に対して仲裁合意の効力に関する訴えを提起した場合には、人民法院は当該訴えを受理して裁定を行うものとし、仲裁機関及び仲裁申立人が人民法院に対し当該仲裁被申立人の訴えを受理すべきでないと申し立てたとしても、人民法院はそれを支持しないものとして、仲裁機関による独自の管轄権の創出を否定し、本司法解釈に基づく整理の徹底が図られている（本司法解釈第2条）。

なお、本司法解釈の施行前に既に受理された事件については、遡及適用による混乱を防止する観点から、その取扱いに関して一定のルールが定められている。すなわち、①本司法解釈施行前に、CIETAC、SHIAC又はSCIAが既に受理した事件については、上表の整理と異なる場合であっても、仲裁判断が下された後に当事者が管轄権の不存在を理由に仲裁判断の取消若しくは不執行を申し立てたとしても、人民法院はこれを支持しないとされ（本司法解釈第3条）、また、②本司法解釈施行前に、CIETAC、SHIAC又はSCIAが同一の事件を受理した場合については、被申立人が仲裁の最初の開廷審理の前に人民法院に対して仲裁合意の効力に関する訴えを提起した場合には人民法院は上表の整理に従い裁定するが、かかる訴えが仲裁の最初の開廷審理の前に行われなかった場合には、事件を先に受理した仲裁機関が管轄権を有するものとされている（本司法解釈第4条）。

3　よく利用される外国（地域）の仲裁機関

中国企業とのクロスボーダー取引において、外国企業にとっては、自らの所在国の仲裁機関を選択することが、移動の時間と費用の節約につながり、より公平・公正な判断が期待できる等、有利である場合が多い。しかし、中国企業からは、中国の仲裁機関を選択するよう求められることが多く、必ずしも外国企業の所在国の仲裁機関を選択することで合意できるわけではない。

そこで、外国企業の所在国の仲裁機関又は中国本土の仲裁機関のいずれかを単純に選択するのではなく、当事者双方が相手方の所在国の仲裁機関で仲裁を提起できるとする交差条項や、中立地であるシンガポール、香港等の第三国・地域の仲裁機関で仲裁を行うとする条項により、仲裁合意が行われる場合が少なくない。

よく利用されている外国（地域）の仲裁機関としては、香港国際仲裁センター（HKIAC）、シンガポール国際仲裁センター（SIAC）、国際商業会議所国際仲裁裁判所（ICC）及びストックホルム商業会議所仲裁裁判所（SCC）が挙げられる。なお、中国のWTO加盟前は中外合弁プロジェクトにおいて、中立国として知られるスウェーデンのストックホルム商業会議所仲裁裁判所（SCC）がよく選択されていたが、SIACやHKIACの利用増加に伴い、SCCの利用数は減少している。

日本企業との取引契約では、日本の一般社団法人日本商事仲裁協会（JCAA）がよく利用されている。なお、JCAAの統計によると、2016年から2020年までに申し立てられた仲裁事件について、最も多く当事者となった上位5か国・地域（日本を除く）は、中国、韓国、台湾、米国、タイである。そのうち、中国が一番多く、中国内陸が15件（申立人4件、被申立人11件）、香港が6件（申立人5件、被申立人1件）である。なお、近時の中国企業との取引では、中国企業の交渉上の立場が強く、中国企業の主張を反映した契約を締結することが増えており、日中間ビジネスでも中国の仲裁機関による仲裁に合意せざるを得ない場合が多い。

JCAAの2016年から2020年までの申立件数[4]

暦年	申立件数
2020年	18件
2019年	9件
2018年	13件
2017年	14件
2016年	18件

4　中国国外の仲裁機関による中国での仲裁の有効性

近年、中国政府は、中国国外の有名な仲裁機関の中国進出を推奨している。2015年4月8日、国務院は「中国（上海）自由貿易試験区の更なる改革開放の深化に向けた方案」を公布し、国際商事紛争の解決規則に合わせて、中国国外の有名な仲裁機関の中国（自由貿易試験区）進出を支持すると表明した。それを受け、2015年11月にHKIACが、2016年2月にICCが、2016年3月にSIACがそれぞれ上海自由貿易試験区内に事務所を開設した。

中国国外の仲裁機関による中国での仲裁に対し、人民法院は、承認から否認、否認から承認へとその態度を二転三転させてきた。その変遷を以下にまとめる。

(1) 仲裁合意の効力

中国の仲裁法第16条では、①仲裁申立の意思表示、②仲裁に付する事項、及び③選定する仲裁委員会を含まなければならないとしている。なお、同法には仲裁委員会の設立条件等に関する規定も含まれている。

4 https://www.jcaa.or.jp/arbitration/statistics.html

過去に最高人民法院は、福建省高級人民法院の問い合わせ[5]に対して、ICC仲裁規則に従い紛争を解決すると約定したことは、ICCによる紛争解決に合意したことと等しく、有効であると判断した事例があった（法函【1996】78号[6]）。しかし一方で、契約中に仲裁機関が定められていなかったことを理由に、仲裁合意が無効であると判断された以下の事例もあった。

①　1998年ICC仲裁規則に従いロンドンで仲裁を行う仲裁合意（「最高人民法院による海南省高級人民法院の問い合わせに対する回答」法経【1996】449号[7]）

②　1998年ICC仲裁規則に従い上海で仲裁を行う仲裁合意（「最高人民法院による江蘇省高級人民法院の問い合わせに対する回答」【2003】民四他字第23号[8]）

上記のほか、中国国外の仲裁機関はそもそも中国法上の仲裁委員会には該当しないとして、その仲裁判断を中国において認めるべきではないという見解もあった[9]。

(2) 最高人民法院の態度の変化

2012年1月1日に発効したICCの新仲裁規則（2012年版）は、当事者がICC仲裁規則に従い仲裁を行うと同意したことは、ICCによる仲裁に同意したことと同じである旨を明記した。これを受け、最高人民法院は、関連仲裁合意に対する態度を以下のように変えた。

①　2013年3月、「最高人民法院の安徽省高級人民法院の問い合わせに対する回答（【2013】民四他字第13号[10]）」は、ICCによる上海での仲裁に関する仲裁合意の効力を認めた。

なお、当該回答では、仲裁法司法解釈第16条が引用され、「渉外仲裁合意の効力の審査については、当事者が約定した法律を適用する。当事者が適用法を約定していないが、仲裁地を約定していた場合は、仲裁地の法律を適用する。適用する法律を約定しておらず、かつ仲裁地も約定していない又は仲裁地の約定が明らかでない場合は、人民法院所在地の法律を適用する。」を根

[5] 中国の人民法院が中国国外の仲裁機関の仲裁合意を無効であると認定する場合、「遂級報告制度」が適用される。同制度は、「（当該人民法院は）一級上の法院に審査を求めることができ、上級法院が下級法院の意見に同意する場合は、その審査意見を

拠として、中国法が適用されることを裏付けた。

② 2013年12月、最高人民法院は、「浙江省高級人民法院の問い合わせに対する回答（【2013】民四他字第74号[11]）」にて、ICC仲裁規則に従い北京で仲裁を行う旨の仲裁合意の効力も認めた。

(3) 中国（上海）自由貿易試験区臨港新片区の動き

中国では、「一帯一路」の推進に伴い、中国企業による海外進出が盛んに行われている。その流れにありながら中国が中国国外の仲裁機関による中国での仲裁の効力を明確に認めない状態は、むしろ中国企業に厄介な状況をもたらしていた。外国企業と紛争解決につき交渉をする際に、中国国外の仲裁機関による中国での仲裁の効力が不確定な状態では、中国企業は中国国外の仲裁機関による中国での仲裁を強く主張できず、相手側が主張する国外での仲裁という方法に同意せざるを得ず、結果的に経済的な負担と制度面の不安を負うことになっていたのである。

上記問題の解決を求める声が高まる中、2019年10月21日に、上海市司法局が公布したのが「中国国外仲裁機関が中国（上海）自由貿易試験区臨港新片区に業務機構を設立することに関する管理規則」（2020年1月1日施行、以下「管理規則」という）である。これは、中国（上海）自由貿易試験区臨港新片区と場所を限定したものではあるが、中国国外の仲裁機関に対し、中国で支所を設立し、仲裁業務を行うことを認めた初めての規則である。また、2019年12月13日に最高人民法院が、2019年12月30日に上海市高級人民法院が、上海をアジア太平洋地域における仲裁センターとすることや、中国（上海）自由貿易試験区臨港新片区における外国仲裁機関による登記や業務展開を支持する意見をそれぞれ書面にて表明している[12]。

管理規則は、中国国外の仲裁機関が（上海）自由貿易試験区臨港新片区で業務機構を設立する場合の条件及び当該業務機構の業務範囲を以下の通り具体的に定めている。なお、管理規則における中国国外の仲裁機関には、外国及び香港、マカオ及び台湾に設立されている非営利目的の

最高人民法院に級を追って段階的に報告しなければならず、最高人民法院の回答を待って裁定を下さなければならない。」としている。

6 「厦門維哥木製品有限公司と台湾富源企業有限公司の売買契約紛争に関する管轄権

仲裁機関、並びに中国が加盟している国際組織が設立し仲裁業務を行っている機構が含まれる（管理規則第3条）。

1）設立条件

管理規則第6条は、中国国外の仲裁機関が（上海）自由貿易試験区臨港新片区で業務機構を設立する場合の以下の三つの条件を規定している。

イ）中国国外で合法的に設立されており、かつ5年以上存続していること

ロ）中国国外で実質的に仲裁業務を展開し、比較的高い国際的な知名度を有していること

ハ）業務機構の責任者が故意による犯罪で刑事罰を受けたことがないこと

2）業務範囲

管理規則第14条に基づくと、中国国外の仲裁機関の業務機構は、国際商事、海事、投資等の分野における民商事紛争に関して、（イ）事件受理、審理、ヒアリング、裁決、（ロ）事件管理及びサービス、並びに（ハ）業務コンサルティング、ガイド、トレーニング及び検討という渉外仲裁業務を行うことができる。なお、管理規則第18条1項によれば、業務機構は渉外要素のない紛争事件に関する仲裁業務を行ってはならないとされている。

なお、中国（北京）自由貿易試験区の設立に伴い、2020年12月28日に、北京市司法局が「中国国外仲裁機関が中国（北京）自由貿易試験区に業務機構を設立することに関する管理規則」（2021年1月1日施行）を公布した。その内容は上記管理規則とほぼ同じであるため、ここでは割愛する。

5　アドホック仲裁

(1) 現行実務

仲裁手続としては、仲裁機関を利用せずに当事者と仲裁人のみで仲裁

異議事件についての回答」（1996年5月16日公布）

7 「海南省高級人民法院による和諾徳股份有限公司と海南際中医薬科技開発有限公司の経営販売契約紛争事件の審理に関する報告についての回答」（1996年12月20日

手続を行うアドホック仲裁もある。仲裁法第16条によれば、仲裁合意の要件として、選定した仲裁機関を含めなければならないので、中国での仲裁手続においては、仲裁機関を利用した機関仲裁を行うことが原則となると解される。中国でアドホック仲裁が認められていない原因としては、1990年代の立法者が、仲裁機関の監督管理をなくし、仲裁を完全に仲裁人に任せた場合、仲裁人の行為を管理することができなくなり、仲裁判断の質を確保することができなくなると懸念していることにあると言われている。

但し、中国はニューヨーク条約の加盟国であるため、ほかの加盟国でのアドホック仲裁の効力は認められ、中国での承認及び執行が可能である。また、2009年12月30日に公布した「香港仲裁判断の内陸における執行の関連問題に関する通知」に基づき、香港特別行政区内で出されたアドホック仲裁判断は、『内陸及び香港特別行政区との仲裁判断の相互執行に関する取決め』の規定に従い、内陸で執行することも可能である。

(2) 新しい動き

中国経済の急速な発展につれ、経済紛争の件数や種類が増えており、機関仲裁のみを認める制度は、当事者が求める公平性と効率性に対応できなくなっている。また、中国は外国でのアドホック仲裁の効力を認めているのに対し、中国でアドホック仲裁の判断を得た当事者が外国で承認及び執行を求めた場合に、中国が中国国内でのアドホック仲裁の効力を認めていないため、外国の裁判所は、ニューヨーク条約第5条1項[13]の規定に基づき承認及び執行を拒絶することができるという不公平が生じる。

このような背景において、近年、中国ではアドホック仲裁の効力を認める試みが見られる。例えば、最高人民法院が2016年12月30日に公布した「自由貿易試験区の建設のための司法保障の提供に関する意見」(法発【2016】34号)第9条3項によれば、「自由貿易試験区内に登録した企業が、中国内陸の特定の場所において、特定の仲裁規則に基づき、特定の人が関連紛争に対し仲裁を行うと互いに約定した場合、当該仲裁合意は有効

公布)

[8]「ドイツ旭普林国際有限責任公司と無錫沃可通用工程橡胶有限公司による仲裁合意の効力確認申立に関する報告についての回答」(2004年7月8日公布)

なものと認定することができる。人民法院は当該仲裁合意が無効なものと判断した場合、一級上の法院に審査を求めなければならない。上級法院が下級法院の意見に同意する場合は、その審査意見を最高人民法院に級を追って段階的に報告しなければならず、最高人民法院の回答を待って裁定を下さなければならない。」とされている。即ち、①自由貿易試験区内で登録した企業（内資・外資を問わず）が相互間で、②内陸の特定の地点において、③特定の仲裁規則に従い、④特定の者が関連の紛争について仲裁を行う、という条件付きで、アドホック仲裁を認めた。これを受けて、横琴自由貿易試験区は、率先して、2017年3月18日に「横琴自由貿易試験区アドホック仲裁規則」を公布した。なお、当該規則は、アドホック仲裁の定義、原則、手続等を定めており、中国初のアドホック仲裁規則である。

[9]「外国仲裁機関による中国国内での仲裁は実行可能性に欠ける」、李健（『法学』、2008年第12期）

[10]「申立人安徽省龍利得包装印刷有限公司と被申立人BP Agnati S. R. Lによる仲裁合意の効力確認申立に関する報告についての回答」（2013年3月25日公布）

[11]「寧波市北侖利成潤滑油有限公司と法莫万馳公司の売買契約紛争事件における仲裁条項の効力の問題に関する報告についての回答」（2013年12月5日公布）

[12] 人民法院による中国（上海）自由貿易試験区臨港新片区の建設に司法サービス及び保障の提供に関する意見、上海法院による中国（上海）自由貿易試験区臨港新片区の建設にサービス及び保障の提供に関する実施意見

[13] 第5条

1　判断の承認及び執行は、判断が不利益に援用される当事者の請求により、承認及び執行が求められた国の権限のある機関に対しその当事者が次の証拠を提出する場合に限り、拒否することができる。

(a)　第二条に掲げる合意の当事者が、その当事者に適用される法令により無能力者であったこと又は前記の合意が、当事者がその準拠法として指定した法令により若しくはその指定がなかったときは判断がされた国の法令により有効でないこと。

第6章
仲裁規則

仲裁規則は、中国の仲裁機関が自ら作成し公布することがほとんどである。また、特に実務上よく利用されている主要な仲裁機関、例えば、中国国際経済貿易仲裁委員会（CIETAC)、上海国際経済貿易仲裁委員会（SHIAC)、華南国際経済貿易仲裁委員会（SCIA)、北京仲裁委員会（BAC）及び上海仲裁委員会（SAC）は、近年の修正を通じて、その仲裁規則に国際仲裁の先進的な制度を取り入れている。

実務上、当事者は、その仲裁合意において、具体的な仲裁規則を明確に約定することが多い。また、仲裁合意において仲裁機関のみを約定する場合は、当該仲裁機関の仲裁規則に従い、同仲裁規則を適用することになるケースもある。多くの仲裁機関の仲裁規則には、「当事者が紛争を仲裁委員会に申し立てて仲裁することを約定した場合には、本規則により仲裁を行うことに同意したものとみなす。」（CIETAC仲裁規則（2015年版）第4条）という旨の規定がある。

当事者が紛争を特定の仲裁機関に申し立てて仲裁すると約定したが、当該仲裁機関の仲裁規則の適用を除外し、又はその他の仲裁規則を適用すると約定することも可能である。但し、その場合は、当該約定が実施できること、又は中国法の強行規定と抵触しないことが前提とされているため、その必要性等を慎重に検討する必要がある。

1　中国（上海）自由貿易試験区仲裁規則

中国（上海）自由貿易試験区（以下「自由貿易区」という）は、2013年9月29日に正式に始動した。同自由貿易区は、人民元資本項目の兌換自由化、サービス業の開放拡大、企業設立手続の簡素化、より優遇された税制の実施等の政策を試行し、世界への人材・資金・貨物の全面的な開放制度を模索し、各国から注目を浴びている。自由貿易区の建設及び発展を促進し、自由貿易区内の当事者に対してコンサルティング、立件、審理等の仲裁法律サービスを提供するために、上海国際経済貿易仲裁委員は、2013年10月22日に中国（上海）自由貿易試験区仲裁院を設立し、2014年4月8日に「中国（上海）自由貿易試験区仲裁規則」（以下「自由貿易区仲裁規則」という）を公布した。

自由貿易区仲裁規則は、当時のCIETAC仲裁規則（2012年版）及びその他の中国国内の仲裁機関の仲裁規則と比べると、緊急仲裁廷の増設、仲裁人名簿外の仲裁人の選任、友好的仲裁及び小額紛争手続等の国際仲裁の先進的な制度を取り入れており、中国で大きく報道された。その詳細について、主に仲裁法及びCIETAC仲裁規則（2012年版）との比較の観点から、以下のとおり分析する。

仲裁法、CIETAC仲裁規則と自由貿易区仲裁規則との比較

根拠 制度	仲裁法	CIETAC仲裁規則 （2012年版）	自由貿易区 仲裁規則
行為保全	なし	なし	あり
緊急仲裁廷	なし	なし	あり
仲裁人名簿外の仲裁人の選任	なし	あり	あり
仲裁事件の併合	なし	あり	あり
第三者による仲裁手続への参加	なし	なし	あり

仲裁と調停の結合	あり	あり	あり (比較的細かい)
友好的仲裁	なし	なし	あり
小額紛争手続	なし	なし	あり

(1) 適用範囲

自由貿易区仲裁規則第3条に基づくと、同規則は主に自由貿易区に関係する紛争（紛争の当事者、係争物又は民商事関係の発生、変更、消滅に係る法律事実が自由貿易区に関わる場合）に適用される。このほかに、CIETAC仲裁規則（2012年版）第4条2項と類似する、同規則の「みなし」適用規定も設けられている。即ち、「当事者が、紛争を仲裁委員会に付し、かつ、中国（上海）自由貿易試験区仲裁院において仲裁を行うことに合意した場合、又は紛争を中国（上海）自由貿易試験区仲裁院その他中国（上海）自由貿易試験区仲裁院であると推定することのできる名称による仲裁に付すことに合意した場合は、いずれも本規則を適用し仲裁を行う。」と定められている。

また、他の仲裁機関を指定した場合にも、自由貿易区仲裁規則を適用できないかについて、指定仲裁機関の仲裁規則にそれを否定する旨の規定があるかを確認する必要があるが、当事者の私的自治の原則から、理論上特段問題はないと思われる。但し、実務上、指定仲裁機関が不慣れな仲裁規則を適用すると、仲裁機関の対応の非効率性や仲裁規則に対する理解の不正確性等の懸念が残るため、ケースバイケースで慎重に検討する必要がある。

(2) 暫定措置の改善及び緊急仲裁廷の増設

中国国外の仲裁機関における仲裁と比べると、中国国内の仲裁機関における仲裁のメリットの一つとして挙げられるのは、中国国内の仲裁機関で仲裁を行う場合、財産保全及び証拠保全等の暫定措置を講じることが可能となる点である。この点について、仲裁法及びCIETAC仲裁規則

(2012年版）における規定と比べると、自由貿易区仲裁規則第三章では、財産保全及び証拠保全のほかに、2012年改正民事訴訟法における関連規定に基づき、「行為保全」（即ち、一方の当事者に対し、一定の行為を行うよう要求し、及び／又は一定の行為を行うことを禁止すること）及び「法律に定められるその他の措置」も設けられた。

また、中国では、仲裁委員会又は仲裁廷は、暫定措置の決定権を有さず、民事訴訟法の関連規定に従い当事者の申立を人民法院に移送しなければならない（仲裁法第28条及び第46条)。自由貿易区仲裁規則第20条2項では、中国の仲裁法及び民事訴訟法の関連規定に配慮しながら、「暫定措置執行地の所在する国又は地域の関連する法律規定」により認められることを前提に、仲裁廷（下記の緊急仲裁廷を含む）にも暫定措置の決定権を与える旨を規定した。

更に、自由貿易区仲裁規則第21条では、中国の仲裁規則で初の「緊急仲裁廷制度」を定めた。同条規定によると、当事者は、仲裁事件の受理後から仲裁廷の構成までに暫定措置を申し立てる必要がある場合、執行地国又は地域の関連する法律の規定に基づき、仲裁委員会に対して、緊急仲裁廷の構成を書面により申し立てることができること、緊急仲裁廷の構成に同意するか否かは、仲裁委員会が決定すること、緊急仲裁廷を構成する仲裁人は開示義務及び忌避義務を履行すること、並びに緊急仲裁廷は、仲裁廷が構成された日に解散し、かつ、仲裁廷に全ての記録資料を引き継がなければならないことが明確に定められている。但し、上述したとおり、中国の現行法では、暫定措置の決定権は人民法院のみに帰属されているため、緊急仲裁廷制度は、当面中国国内では適用されないことになる。

(3) 仲裁人名簿外の仲裁人の選任

仲裁法第13条には、「仲裁委員会は、専門分野毎に仲裁人名簿を設けるものとする」との規定がある。同規定は仲裁人名簿外の仲裁人選任の可否を明記していないが、中国の各仲裁機関は、当該規定に基づき、それぞれの仲裁人名簿を設けており、かつ、そのほとんどが仲裁人名簿の中から仲裁人を選任することを求めている。当該制度は、仲裁人の質を確保する面で積極的な意味を有するが、当事者の私的自治を阻害し、国際仲裁実務の傾向と合わないとの批判も少なからず見受けられる。

この点について、国外仲裁機関の影響を受けて、CIETAC仲裁規則(2012年版)第24条は、初めて当事者が仲裁委員会の仲裁人名簿外の者を仲裁人として選任することができる旨を規定したが、「仲裁委員会主任の法による確認を経た後に仲裁人を担当することができる」との条件付きである。これに対して、自由貿易区仲裁規則第27条2項では、明確に「当事者は、仲裁人名簿以外の者を仲裁人として推薦することができ、仲裁人名簿以外の者を首席仲裁人又は単独仲裁人として共同で推薦することについて合意することができる」と規定した上で、第28条2項では、CIETAC仲裁規則(2012年版)と同様に「仲裁委員会主任が法による確認を経て同意した場合、同人は事件の仲裁人を担当することができる」との条件を定めた。当該条文構造は、当事者の私的自治を最大限に保障する同時に、仲裁人の選任が関連法律規定に合致することを確保できると評価されている[1]。

(4) 仲裁事件の併合

仲裁事件の併合については、仲裁法には特に規定がない。CIETACは、国外仲裁機関の経験を踏まえて、CIETAC仲裁規則(2012年版)第17条において初めて仲裁事件の併合制度を導入した。同規定では、「一方当事者の請求により、かつその他の各当事者の同意を得た場合、又は仲裁委員会が必要と認め、かつ各当事者の同意を得た場合、仲裁委員会は、本規則に基づいて行われる2件又は2件以上の仲裁事件を併合して1件の仲裁事件とし、審理することを決定することができる」との手続を設けた上で、「仲裁委員会は、関係する仲裁事件間の関連性を考慮しなければならず、これにはそれぞれの仲裁事件の請求が同一の仲裁合意に基づいて提起されたか否か、それぞれの仲裁事件の当事者が同じか否か、及びそれ

[1] 「中国(上海)自由貿易区試験区仲裁規則」解読、上海国際仲裁センター・国際商事仲裁研究センター・華東政法大学・中国自由貿易区法律研究室、2014年4月8日公布、P18

ぞれの事件の仲裁人の選任又は指名状況が含まれる」という考慮要素も細かく定めた。これに対して、自由貿易区仲裁規則第36条では、適用対象を「仲裁の対象が同一の種類又は関連する2件又は2件以上の事件」に限定した上で、「一方当事者の請求」及び「その他の当事者の同意」並びに「当事者に別段の合意がある場合を除き、併合される仲裁事件は、最初に仲裁手続を開始した仲裁事件に併合しなければならない」との要件を定め、手続面で当事者の意思自治を尊重し、CIETAC仲裁規則（2012年版）と同様の規定を設け、これに加えて、「判断書を出すことについて当事者が一致して同意した場合を除き、仲裁廷は、併合した仲裁事件についてそれぞれ判断書を出さなければならない」と定めた。なお、自由貿易区仲裁規則では、仲裁事件併合の決定権を、仲裁委員会ではなく、仲裁廷に付与している。

(5) 第三者による仲裁手続への参加

自由貿易区仲裁規則は、第三者による仲裁手続への参加に関する規定を設けている。訴訟手続における「第三者」との混同を回避するために、自由貿易区仲裁規則では「第三者」の表現を利用せず、「その他の合意当事者（同一の仲裁合意におけるその他の合意当事者）」（第37条）と「部外者」（第38条）を区別し、それぞれ異なる手続を規定している[2]。

「その他の合意当事者」の場合は、①仲裁廷の構成前に、申立人又は被申立人が、その他の合意当事者を申立人又は被申立人に追加するよう請求する場合、書面により申し立てなければならず、同意するか否かは、秘書処が決定する、②仲裁廷が既に構成され、申立人及び／又は被申立人が他の合意当事者を被申立人に追加するよう請求し、かつ、当該その他の合意当事者が改めて仲裁人を選定することを放棄し、かつ、すでに行われた仲裁手続を認めた場合、仲裁廷は、同意するか否かを決定することができる。これに対して、「部外者」の場合は、双方当事者は、部外者の同意を得た上で、部外者を仲裁当事者に追加することを書面により申し立てることができ、部外者も双方当事者の同意を得た上で、仲裁当事

[2] 「中国（上海）自由貿易区試験区仲裁規則」解読、上海国際仲裁センター・国際商事仲裁研究センター・華東政法大学・中国自由貿易区法律研究室、2014年4月8日公布、P24

者となることを書面により申し立てることができ、同意するか否かは、仲裁廷が決定し、仲裁廷が構成されていない場合は、秘書処が決定する。

第三者による仲裁手続への参加は、合弁当事者間の合弁契約をめぐる紛争や一方合弁当事者と合弁企業とのライセンス契約等をめぐる紛争において、合弁企業や他方合弁当事者を仲裁手続に追加することが可能となり、紛争解決の効率性及びコストの節約につながると思われる。

(6) 仲裁と調停の結合

調停という紛争解決方法は、中国において長い歴史を持っており、社会的対立の防止及び解決に大きな役割を果たしている。また、その柔軟性及び効率性が、迅速な問題解決という社会的ニーズにも合致しているため、民間だけでなく、訴訟及び仲裁手続においても調停の利用が求められている。

仲裁法第51条1項によれば、「仲裁廷は、判断を下す前に調停を行うことができる。当事者が調停を望む場合には、仲裁廷は、調停を行わなければならない。調停が成立しなかった場合には、遅滞なく判断を下さなければならない。」とされている。当該規定を受けて、CIETAC、北京仲裁委員会、上海仲裁委員会、広州仲裁委員会及び西安仲裁委員会等の多くの仲裁機関では、独自の調停ルールが制定されている。但し、そのようなルールの大半は簡単なものであり、実務上、調停の具体的な手続等は、仲裁機関又は仲裁廷の判断に委ねられている。

自由貿易区仲裁規則第6章では、調停の申立のタイミングによって、調停は、調停員による調停と仲裁廷による調停に分類される。仲裁事件受理後から仲裁廷が構成されるまでに、調停が申立てられた場合、仲裁委員会の主任は、調停人名簿から1名の調停員を指定し、紛争の調停を行わせる。これに対して、仲裁廷の構成後、仲裁廷は、仲裁手続の進行過程において、その審理する事件の調停を行うことができる。また、自由貿易区仲裁規則第52条に基づくと、当事者は、仲裁委員会外において協議又は調停を通じて和解合意に達した場合、当事者が合意に達した、仲裁委員会が仲裁を行う仲裁合意及び和解合意に基づき、仲裁委員会に対し、仲裁廷を構成し和解合意の内容に従い仲裁判断を作成するよう請求することができる。実務上、外貨管理規制により、当事者間の和解合意に基づく海外送金が認められない場合、仲裁委員会に対して仲裁判断を作成するよう求めるケースがしばしば見受けられる。

なお、調停が奏功しなかった場合、調停過程における当事者間のやり取りはその後の仲裁又は司法手続に悪影響をもたらすのではないかとの懸念に対して、自由貿易区仲裁規則第53条では、「いずれの当事者も、この後の仲裁手続、司法手続その他のいずれの手続においても、相手方当事者又は調停員又は仲裁廷が調停の過程において表明した意見、述べた見解、行った陳述、又は同意若しくは否定の意見若しくは主張を援用して、請求、答弁又は反対請求の根拠としてはならない。」と規定している。

(7) 友好的仲裁の導入

友好的仲裁とは、仲裁廷が、双方当事者の授権を得て、公平と善良の原則又は公平取引及び誠実信用の原則（法律規定ではない）に基づき、紛争の実質的な問題について拘束力のある判断を行うことを指す[3]。当該制度について、仲裁法等の法律規定及びその他の国内の仲裁機関の仲裁規則には特に規定はない。但し、中国国外の著名な仲裁機関では、例えば、国際商業会議所国際仲裁裁判所、アメリカ仲裁協会、シンガポール仲裁センター及び香港国際仲裁センター等が、高効率及び低コストの仲裁を実現するために、友好的仲裁に関する制度を設けている。

自由貿易区仲裁規則では、中国で初めて友好的仲裁制度を導入した。同仲裁規則第56条に基づくと、「当事者が仲裁合意において合意し、又は仲裁手続における協議を経て合意し、書面により申立を行った場合、仲裁廷は、友好的仲裁を行うことができる」と定めているが、「仲裁廷は、公平と善良の原則のみに基づき仲裁判断を行うことができるが、法律の強行規定及び社会の公共利益に反してはならない」と求めている。後半部分は、仲裁法第7条における「仲裁は、事実を根拠とし、法律の規定に合

[3]「中国（上海）自由貿易区試験区仲裁規則」解読、上海国際仲裁センター・国際商事仲裁研究センター・華東政法大学・中国自由貿易区法律研究室、2014年4月8日公布、P32

致し、公平かつ合理的に紛争を解決しなければならない」という規定に配慮したものであると推測される。

(8) 小額紛争手続の新設

中国では、2012年に改正された民事訴訟法第162条において初めて小額訴訟制度が明記され、「目的額が各省、自治区、直轄市の前年度の就業者年間平均賃金の30%以下であるときは、一審終審制を実行する」と定められた。但し、仲裁法やその他国内仲裁機関の仲裁規則には、類似制度に関する規定はない[4]。

小額紛争事件のコストの削減を実現するために、自由貿易区仲裁規則の第9章では、小額紛争手続制度を新設した。当該制度の適用対象事件は、国内紛争事件のうち、紛争金額が10万人民元を超えないものに限定されている。小額紛争手続が適用される場合、仲裁廷の審理方式が比較的に柔軟になる。即ち、適当と認める方式に従い事件を審理すること、開廷審理を決定すること、当事者が提出した書面資料及び証拠のみに基づき書面による審理を行うことを決定することができ、また、各手続の所要時間も大幅に短縮することができる。例えば、仲裁判断書の作成期限が3か月又は6か月から45日に短縮される。

(9) 自由貿易区仲裁規則の改正

自由貿易区仲裁規則は2014年5月1日の施行直後に改正され、改正版は2015年1月1日より施行されている。その改正は、上海国際経済貿易仲裁委員会の仲裁規則との整合性や表現の厳密性の観点から行われたものがほとんどであり、上記重要事項に対する改正はない。

2 CIETAC仲裁規則(2015年版)

現行のCIETAC仲裁規則は、2015年1月1日より施行されている2015年改正版であり、仲裁サービスの競争力を高め、国際仲裁のニーズに応え

[4] なお、地方によっては、小額の消費者紛争に関する仲裁制度がある。

るために、CIETACが2014年11月に仲裁規則（2012年版）を改正して公布したものである。なお、CIETACのウェブサイト上には、仲裁規則（2015年版）のオランダ語、韓国語、日本語、スペイン語、ロシア語及びフランス語の訳文がある[5]。

CIETAC仲裁規則（2015年版）の主な改正内容は、以下のとおりである。

(1) 複数契約の仲裁

CIETAC仲裁規則（2015年版）第14条は、「複数の契約における紛争について同一の仲裁事件の中で合併して仲裁申立を提起することができる。」と定めた。但し、同条によれば、当該規定を適用するためには、次に掲げる条件を同時に満たさなければならない。

① 複数の契約が主たる契約と従たる契約の関係にあり、又は複数の契約に関わる当事者が同じで、かつ法律関係の性質が同じであること

② 紛争の原因が同じ取引又は同じ系列の取引であること

③ 複数の契約における仲裁合意の内容が同じ又は相容れるものであること

(2) 当事者追加制度

CIETAC仲裁規則（2015年版）第18条は、当事者の追加に関する規定を設けた。同条によれば、

① 仲裁手続において、一方当事者は、表見的に追加当事者を拘束する事件に関わる仲裁合意に基づき仲裁委員会に当事者の追加を申し立てることができる。仲裁廷が構成された後に当事者の追加を申し立てた場合において、仲裁廷が確かに必要があると認めたときは、追加当事者を含む各当事者に意見を求めた後、仲裁委員会が決定を出さなければならない。
仲裁委員会仲裁院が当事者追加の申立を受領した日を当該追加当事者の仲裁開始日とみなす。

[5] http://www.cietac.org.cn/index.php?m=Article&a=index&id=248

② 当事者追加申立書には、現行の仲裁事件の事件番号、追加当事者を含む関係する全ての当事者の名称、住所及び連絡方法、当事者追加の根拠となる仲裁合意、事実及び理由、並びに仲裁請求を含めなければならない。

当事者が当事者追加申立書を提出するときは、その申立の根拠となる証拠資料及びその他の証明資料を添付しなければならない。

③ いずれか一方当事者が当事者追加手続につき仲裁合意及び/又は仲裁事件管轄権につき異議を申し立てた場合、仲裁委員会は、仲裁合意及び関連の証拠に基づき管轄権の有無の決定を出す権利を有する。

④ 当事者追加手続が開始された後、仲裁廷が構成される前は、仲裁委員会仲裁院が仲裁手続の進行について決定を出す。仲裁廷が構成された後は、仲裁廷が仲裁手続の進行について決定を出す。

⑤ 仲裁廷が構成される前に当事者を追加する場合、本規則における当事者が仲裁人を選任し、又は仲裁委員会主任に指名を委託する旨の規定は、追加当事者に適用される。仲裁廷の構成については、本規則第29条の規定に従い行わなければならない。

仲裁廷が構成された後に当事者の追加を決定した場合、仲裁廷は、仲裁廷の構成を含む、すでに行われた仲裁手続について追加当事者に意見を求めなければならない。追加当事者が仲裁人の選任又は仲裁委員会主任に対する指名の委託を要求した場合、双方当事者は、改めて仲裁人を選任し、又は仲裁委員会主任に指名を委託しなければならない。仲裁廷の構成については、本規則第29条の規定に従い行わなければならない。

⑥ 本規則における当事者の答弁及び反対請求の提出に関する規定は、追加当事者に適用される。追加当事者が答弁及び反対請求を提出する期限は、当事者追加に関する仲裁通知を受領した後

から起算する。

⑦　事件に関わる仲裁合意が表見的に追加当事者を拘束できず、又はその他当事者を追加すべきでない何らかの事情が存在する場合、仲裁委員会は、追加しないと決定する権利を有する。

とされている。

(3) 仲裁の併合

CIETAC仲裁規則（2012年版）では、仲裁の併合について、「各当事者の同意を経た場合」に限られていた。但し、仲裁の併合により、被申立人の責任が加重されるおそれがあるため、その同意を取得できないという問題があった。当該問題を解消するために、CIETAC仲裁規則（2015年版）第19条は、仲裁の併合に関する条件を修正した。同条によれば、次の条件のいずれかに合致する場合、一方当事者の請求を経て、仲裁委員会は、同規則に基づいて行われる2件又は2件以上の仲裁事件を併合して1件の仲裁事件とし、審理することを決定することができる。

①　各事件の仲裁請求が同一の仲裁合意に基づき提起された場合

②　各事件の仲裁請求が複数の仲裁合意に基づき提起され、かかる複数の仲裁合意の内容が同じ又は相容れるものであり、かつ各事件の当事者が同じであり、各紛争に関連する法律関係の性質が同じである場合

③　各事件の仲裁請求が複数の仲裁合意に基づき提起され、かかる複数の仲裁合意の内容が同じ又は相容れるものであり、かつ関連する複数契約が主たる契約と従たる契約の関係にある場合

④　全ての事件の当事者がいずれも仲裁の併合に同意した場合

(4) 緊急仲裁人制度

CIETAC仲裁規則（2015年版）第23条2項は、緊急仲裁人制度を追加し、また、仲裁規則の付属文書3として「中国国際経済貿易仲裁委員会緊急仲裁人手続」を制定した。同第23条2項によれば、「準拠する法律又は当事

者の約定に基づき、当事者は、「中国国際経済貿易仲裁委員会緊急仲裁人手続」に従い仲裁委員会仲裁院に緊急臨時救済措置を申し立てることができる。緊急仲裁人は、必要又は適切な緊急臨時救済措置を講じることを決定することができる。緊急仲裁人の決定は、双方当事者に対して拘束力を有する。」とされている。

(5) 簡易手続

CIETAC仲裁規則（2015年版）第56条は、簡易手続の適用について、金額基準を「係争金額が200万元を超えない場合」から「係争金額が500万人民元を超えない場合」へと引き上げて、その範囲を拡大した。

3　北京仲裁委員会仲裁規則（2019年版）

北京仲裁委員会は、2019年7月19日に、「北京仲裁委員会仲裁規則（2015年版）」を改正し、新しい「北京仲裁委員会仲裁規則（2019年版）」を公布した。今回の最も重要な改正点は、北京仲裁委員会の費用徴収制度に対する改正である。

中国の仲裁機関が徴収する仲裁費用は、主に仲裁受理費用及び仲裁処理費用の二つの部分に分けられる。そのうちの仲裁受理費用は、仲裁人の報酬及び仲裁委員会の運営維持に用いられるとされている（仲裁委員会仲裁費用徴収規則第3条）。しかし、仲裁人報酬の金額又は計算方法が不明確であり、実務上、批判を受けている。また、特に外国籍の仲裁人は仲裁人報酬が低いことを理由に積極的に受任しないケースもしばしば見受けられる。そのため、一部の仲裁委員会（例えば、CIETAC）は、国内案件と渉外案件に分けて、それぞれ異なる費用徴収制度を導入している。

北京仲裁委員会は、従来、当事者間では別途合意がなければ、係争金額に基づき受理費用と処理費用を徴収していたが、渉外要素のある国際商事仲裁案件については、当事者間の選択により特別な費用徴収規則を適用して、管理費及び仲裁人報酬を徴収していた。

北京仲裁委員会仲裁規則（2019年版）は､国内仲裁と国際商事仲裁に対する異なる費用徴収制度を廃止し、一律「管理費+仲裁人報酬」の費用徴収制度を適用するとした。当該改正は、国際的仲裁機関のルールと一致し、仲裁人報酬の透明度の問題を解決したとして、中国で大きく報道された。

また、北京仲裁委員会仲裁規則（2019年版）の別紙1「北京仲裁委員会案件受理費用徴収規則」によれば、当事者が約定した場合、仲裁人報酬はタイムチャージ制に従い計算することができる。なお、原則として、5,000人民元（約84,000円）/hを超えてはならないとされている。

更に、当該新案件受理費用徴収規則に基づき、北京仲裁委員会は、事件の具体的な状況（二つ以上の申立人又は被申立人が存在する場合、仲裁が複数の契約に依拠する場合及び仲裁言語が当事者の約定に従い二種類又は多種類の言語である場合を含むが、これらに限らない）に応じて、管理費及び仲裁人報酬を一定の割合で多く徴収することができる。

第7章
仲 裁 人

仲裁人は、訴訟手続でいう裁判官に相当する者であるため、その選定は、仲裁手続における最も重要な作業といっても過言ではない。中国では、弁護士や大学の教授を仲裁人として選任するのが一般的であるが、実際に仲裁人を選任する際には、仲裁事件の内容や複雑さ等によって、ケースバイケースで検討する必要がある。

仲裁法第30条によれば、仲裁廷は、3名又は1名の仲裁人により構成することができる。但し、仲裁法を含む中国の現行法上、どのような場面で仲裁人を1名とし、どのような場面で仲裁人を3名とするかについて明確な規定はない。実務上、当事者の合意に委ねることになるが、仲裁人を3名にするか、1名にするかは、仲裁のコストに大きく関係するので、取引の規模や複雑さ等の案件の重要性に応じて決められるのが一般的である。なお、当事者が仲裁規則に定める期間内に仲裁廷の構成方式を約定しない、又は仲裁人を選定しない場合には、仲裁委員会の主任が指定することになる（仲裁法第32条）。

一般論として、仲裁人を1名とする場合のメリットとしては、①コストが低いこと、②仲裁スケジュールの調整が比較的に簡単であること、及び③仲裁手続をより速く進められる可能性があることが挙げられ、これに対して、仲裁人を3名とする場合のメリットとしては、①当事者がそれぞれの国の仲裁人を選任できること、②3名のほうが、経験や専門知識が1名の場合よりも多いこと、及び③より公平な仲裁判断が期待できることが挙げられる[1]。

[1] 「The Principles and Practice of International Commercial Arbitration (Second Edition)」, Margaret L. Moses, CAMBRIDGE UNIVERSITY PRESS, 2012, P122-123

なお、実務上、紛争に関わる金額によって仲裁人の人数を定めているケースがたまに見受けられるが、紛争に関わる金額を確定することは容易ではないという問題がある。

1　仲裁人の条件

(1) 仲裁人名簿

仲裁法第13条3項によれば、「仲裁委員会は、専門分野毎に仲裁人名簿を設けるものとする。」とされている。また、その第25条1項は、「仲裁委員会は、仲裁申立を受理した後、仲裁規則に定める期間内に仲裁規則及び仲裁人名簿を申立人に送達し、かつ仲裁申立書の副本並びに仲裁規則及び仲裁人名簿を被申立人に送達しなければならない。」と定めている。当該規定から見ると、中国では、強制的に仲裁人名簿制度の利用が求められている。

実務上、各仲裁委員会は、専門分野毎に仲裁人名簿を設けており、紛争の当事者は、原則として、仲裁人名簿から仲裁人を選任することになる。

但し、近年、国際仲裁の影響を受けて、多くの仲裁機関は、その仲裁規則を改正し、仲裁人名簿外で仲裁人を選任することを認めるようになっている。例えば、CIETAC仲裁規則（2015年版）第26条2項によれば、「当事者が仲裁委員会の仲裁人名簿外で仲裁人を選任すると約定する場合、当事者が選任し、又は当事者間の合意に基づき指名された者は、仲裁委員会主任の確認を経た後で仲裁人を担当することができる。」とされている。

なお、ほとんどの仲裁機関のウェブサイト上には仲裁人の検索機能があり、氏名、専門分野、国籍、言語等で検索することが可能である。また、CIETACの仲裁人名簿にはQRコード技術を導入し、仲裁人の氏名の横にあるQRコードをスキャンして当該仲裁人の学歴、職歴、仲裁経験等を確認することができる。

CIETACウェブサイト上の仲裁人検索機能[2]

(2) 仲裁人の条件

仲裁法第13条2項には、「仲裁人は、次の各号に掲げる条件のいずれかに該当しなければならない。」と規定されている。

① 国家統一法律職業資格試験に合格して法律職業資格を取得し、かつ仲裁業務に従事して満8年以上になること

② 弁護士業務に従事して満8年以上になること

③ 裁判官を満8年以上務めたことがあること

④ 法律の研究、教育業務に従事し、かつ高級職名を有すること

⑤ 法律知識を有し、経済・貿易等の専門職に就き、かつ高級職名を有すること、又は同一水準の専門性を有すること

なお、香港、マカオ及び台湾を含む外国籍の者は、上記条件を満たせば、仲裁機関の仲裁人名簿に載せることができる。CIETACの仲裁人名簿を見ると、外国籍の仲裁人は仲裁人総数の22%超を占めている[3]。

2　仲裁人の選任

仲裁法第31条は、仲裁廷の構成人数が1名であるか3名であるかによって仲裁人の選任方法を定めている。

[2] http://www.cietac.org/index.php?g=User&m=Arbitrator&a=index&l=en
[3] http://www.cietac.org.cn/Uploads/201705/59074e909a6a7.pdf

(1) 3名の仲裁人の場合

当事者が3名の仲裁人により仲裁廷を構成する旨を約定する場合には、当事者がそれぞれ1名の仲裁人を各自で選定し、又は各自で仲裁委員会の主任に指定を委任し、3人目の仲裁人は、当事者が共同で選定し、又は共同で仲裁委員会の主任に指定を委任するものとされている。3人目の仲裁人は、首席仲裁人となる。

(2) 単独仲裁人の場合

当事者が1名の仲裁人により仲裁廷を成立させる旨を約定する場合には、仲裁人は当事者が共同で選定し、又は共同で仲裁委員会の主任に指定を委任するものとされている。また、仲裁法第32条に基づき、当事者が仲裁規則に定める期間内に仲裁廷の構成方式を約定せず、又は仲裁人を選定しない場合には、仲裁委員会の主任が指定することになる。

(3) 仲裁規則における規定

仲裁法における規定のほかに、仲裁人の選任及び指定方法については、各仲裁機関の仲裁規則において、より詳細な規定が設けられている場合がある。

例えば、CIETAC仲裁規則（2015年版）第27条には、「㈠申立人及び被申立人は、仲裁通知を受領した後15日以内に、それぞれ1名の仲裁人を選任し、又は仲裁委員会主任に指定を委任しなければならない。当事者が上記期間内に選任をしない場合、又は仲裁委員会主任に指定の委任をしない場合、仲裁委員会主任が仲裁人を指定する。㈡3人目の仲裁人は、双方当事者が、被申立人が仲裁通知を受領した後15日以内に、共同で選任し、又は共同で仲裁委員会主任に指定を委任する。3人目の仲裁人は仲裁廷の首席仲裁人となる。㈢双方当事者は、各自1名から5名までを首席仲裁人候補者として推薦し、かつ上記の第㈡項に定める期間に従って推薦名簿を提出することができる。双方当事者の推薦名簿の中に同一の候補者が1名いる場合、その候補者を、当事者双方が共同で選任した首席仲裁人とする。同一の候補者が2名以上いる場合、仲裁委員会主任が、事件の具体的な状況に基づいて同一の候補者の中から1名の首席仲裁人を確定し、当該首席仲裁人を双方当事者が共同で選任した首席仲裁人とする。推薦名簿の中に同一の候補者がいない場合、仲裁委員会主任が首席仲裁人を指定する。㈣双方当事者が、上記の規定により共同で首席仲裁人を選任することができない場合、仲裁委員会主任が首席仲裁人を指定する。」と規定されている。

また、CIETAC仲裁規則（2015年版）第29条には、当事者が多数いる場合の仲裁人の選任方法に関する規定も設けられている。即ち、「㈠仲裁事件に二者又は二者以上の申立人及び/又は被申立人がいる場合、申立人側及び/又は被申立人側は、それぞれ協議をし、各側において、共同で1名の仲裁人を選任し、又は共同で仲裁委員会主任に1名の仲裁人の指定を委任する。㈡首席仲裁人又は独任仲裁人は、本規則第27条第㈡、㈢、㈣項に規定する手続に従い、選任又は指定されなければならない。申立人側及び/又は被申立人側は、本規則の第27条第㈢項の規定に従い、首席仲裁人又は独任仲裁人を選任するときは、各側において共同で協議し、かつ各側において共同で作成した候補者名簿を提出しなければならない。㈢申立人側及び/又は被申立人側が、仲裁通知を受領した後15日以内に、各側において共同で仲裁人を選任することができない場合、又は各側において共同で仲裁委員会主任に1名の仲裁人の指定を委任することができない場合、仲裁委員会主任が仲裁廷の3名の仲裁人を指定し、かつその3名の仲裁人の中から首席仲裁人を担当する1名の仲裁人を確定する。」と規定されている。

3　仲裁人を選任する際に考慮すべき要素

訴訟と比較した場合の仲裁の長所の一つは、当事者は、自らの意思で裁定者である仲裁人を選任し、又はその選任に関与することができることである。中国では、弁護士や大学の教授を仲裁人として選任するのが一般的であるが、実際に仲裁人を選任するときに、どのような要素を考慮すべきかについては、ケースバイケースで検討する必要がある。

通常、仲裁人を選任する際に、①仲裁人の国籍、②仲裁人の使用言語、③仲裁人の専門分野、④仲裁人の人柄、⑤仲裁人の実務経験、⑥仲裁人のレピュテーション等を考慮する必要がある。特に専門知識が必要とされる複雑な紛争事件の場合には、専門知識及び仲裁の実務経験を有する仲裁人を選任することが重要である。なお、仮に有名大学の教授であっても、外国語能力が低かったり、仲裁の実務経験がなかったりすると、それによって、仲裁の手続に遅れが生じ、当事者双方が驚くような仲裁判断を下すおそれがある。なお、CIETAC仲裁規則（2015年版）第30条によれば、「仲裁委員会主任は、本規則の規定に基づき仲裁人を指名するとき、紛争の準拠法、仲裁地、仲裁言語、当事者の国籍及び仲裁委員会主任が考慮すべきと認めるその他の要素を考慮しなければならない。」とされている。

また、如何に経験豊富な人であっても、あまりにも忙しい人も仲裁人として選任することを避けるべきである。なぜならば、多忙の仲裁人は事件審理の時間調整が難しく、資料をきちんと確認し、判断する時間を十分に確保できない可能性があるからである。

なお、仲裁判断は、多数の仲裁人の意見に従って下すことになるが、仲裁廷が多数意見を形成することができない場合には、判断は、首席仲裁人の意見に従って下さなければならないとされているため（仲裁法第53条）、首席仲裁人の中立性及び実務経験等がより重要視されることになる。実務上、例えば、日本企業と中国企業とのビジネス契約における仲裁条項について、仲裁廷の構成は下記条文例のようになるケースが多い。

条文例：
仲裁廷は3名の仲裁人より構成される。甲及び乙がそれぞれ1名の仲裁人を選任し、選任された2名の仲裁人が1名の首席仲裁人を選任する。首席仲裁人は、【中国、日本以外の国の国籍である】及び／又は【●分野における実務経験が●年以上である】仲裁人を選任しなければならない。

4　仲裁人の忌避

(1) 忌避事由

仲裁法第34条によれば、仲裁人は、次の各号に掲げる事由のいずれかに該当する場合には、回避しなければならず、当事者も忌避を申し立てる権利を有する。

① 当該事件の当事者、又は当事者もしくは代理人の近い親族であること
② 当該事件と利害関係を有すること
③ 当該事件の当事者又は代理人とその他の関係があり、仲裁の公正性に影響を及ぼすおそれがあること
④ 密かに当事者もしくは代理人に会い、又は当事者もしくは代理人の接待及び謝礼を受けること

但し、現行法上、上記忌避事由の認定に関する具体的な判断基準等はない。例えば、「利害関係」や「その他の関係」はどこまでを含むのか、「仲裁の公正性に影響を及ぼすおそれがある」はどう判断するのかは不明である。実務上、ケースバイケースで判断せざるを得ない。

なお、「その他の関係」について、一部の仲裁委員会の仲裁規則には、より具体的な規定が設けられている。例えば、広州仲裁委員会仲裁規則（2017年版）第33条2項によれば、「本条1項3号における『その他の関係』には、次に掲げる場合を含む。①事前に当事者に対してコンサルティングを提供したことがある場合、②当事者の法律顧問又はその他の顧問を担当しており、又はそれらを担当したことがあり、かつ当該顧問関係が終了してから2年未満の場合、③当事者の代理人を担当したことがあり、

事件が終了してから2年未満の場合、④当事者のいずれか一方又はその代理人と同じ職場に勤めており、又はそれらと同じ職場に勤めたことがあり、かつ当該関係が終了してから2年未満の場合、又は⑤本委員会が同時に審理している事件において、互いに事件の代理人と仲裁人を担当し、後の事件において仲裁人と選定又は指定された場合。」とされている。

(2) 忌避の申立

当事者は、忌避を申し立てるにあたり、理由を説明し、最初の開廷審理の前に申し立てなければならない。但し、忌避事由を最初の開廷審理後に知った場合には、最終の開廷審理が終了するまでに申し立てることができる（仲裁法第35条）。仲裁人を忌避するか否かは、仲裁委員会の主任が決定することになるが、仲裁委員会の主任が仲裁人を務める場合には、仲裁委員会が決定する（仲裁法第36条）。仲裁人が忌避又はその他の原因により職責を履行できない場合には、仲裁人を改めて選任又は指定することになる（仲裁法第37条1項）。忌避により仲裁人を改めて選任又は指定した後、当事者は、すでに行われた仲裁手続を改めて行うことを申し立てることができ、これを許可するか否かは、仲裁廷が決定する。仲裁廷も、すでに行われた仲裁手続を改めて行うか否かを自ら決定することができる（仲裁法第37条2項）。

5　仲裁人の責任

仲裁人は、事実を根拠とし、法律の規定に合致し、公平かつ合理的に紛争を解決しなければならない（仲裁法第7条）。これを実現するために、仲裁法や仲裁機関の仲裁規則には、仲裁人の選任、指定及び忌避等のルールが設けられている。加えて、各仲裁機関では、仲裁人に関する規則やガイドラインを制定し、仲裁人の権利や義務を詳しく定めることもある。

(1) 開示義務

仲裁人の開示義務について、仲裁法上明確な規定はない。そのため、一部の仲裁人は開示義務を重要視していない。

実務上、仲裁人の開示義務は各仲裁機関の仲裁規則に委ねられているが、仲裁機関によって規定が異なる場合がある。例えば、広州仲裁委員会仲裁規則（2017年版）第32条2項は、「仲裁人は、事件の当事者又は代理人との間に当事者がその公正性及び独立性に対する合理的な疑いを生じさせうる状況を知り得た場合、書面又は仲裁廷で当事者に開示しなければならない。」と定めている。即ち、開示義務の有無は当事者の角度から判断するということである。一方、CIETAC仲裁規則（2015年版）は、開示義務の有無をどの角度から判断するかを明らかにしていない。その第31条に基づくと、①選任され又は指名された仲裁人は、声明書に署名し、その公正性及び独立性に対する合理的な疑いを生じさせうるいかなる事実又は状況も開示しなければならない。②仲裁手続の中で開示されるべき状況が生じた場合、仲裁人は、直ちに書面により開示しなければならない。③仲裁人の声明書及び/又は開示する情報は、仲裁委員会仲裁院に提出し、かつ各当事者に転送しなければならない。また、同仲裁規則第32条1項に従い、当事者は、仲裁人の声明書及び/又は開示書面を受領した後、開示された事実又は状況を理由として当該仲裁人の忌避を求める場合、仲裁人の開示書面を受領した後10日以内に書面により提出しなければならず、期限を過ぎても忌避を申し立てない場合、仲裁人がそれまでに開示した事項を理由として当該仲裁人の忌避を申し立ててはならない。

(2) 法的責任

仲裁法第38条によれば、仲裁人が「密かに当事者もしくは代理人に会い、又は当事者若しくは代理人の接待及び謝礼を受け」、情状が重い場合、又は「当該事件の仲裁に際して賄賂を要求し、又は受け取り、私利のために不正を働き、法を曲げて判断を下す行為が仲裁人にあった」場合には、仲裁人は、法により法律上の責任を負うものとされ、仲裁委員会は、これを除名しなければならないとされている。但し、当該規定に定める「法律上の責任」が不明確であり、法律上の責任を負う事由の範囲が非常に狭い。

また、2006年の刑法第六次改正により、「第399条の1〔法歪曲仲裁罪〕」として、「法により仲裁の職責を負う者が、仲裁活動中において故意に事実及び法律に違背し、法を曲げて裁決し、情状が重い場合、3年以下の有期懲役又は拘留に処する。情状が特に重い場合には、3年以上7年以下の有期懲役に処する。」という内容が追加され、仲裁人の刑事責任が明記された。

第8章
証　　拠

仲裁法は、証拠について、立証責任、証拠の提示及び証拠調べ、並びに証拠保全に関する原則的な規定のみを定めている。また、国内仲裁機関の仲裁規則における証拠に関する規定もシンプルなものがほとんどである。

そのため、中国における仲裁実務上、証拠については、民事訴訟における証拠制度を参照することになる。民事訴訟における証拠制度に関する主な法律規定として、「民事訴訟法」(2017年改正版)、「『民事訴訟法』の適用に関する解釈」(2020年改正版)(以下「民事訴訟法司法解釈」という)及び「民事訴訟の証拠に関する若干規定」(2019年改正)(以下「証拠規定」という)が挙げられる。本章では、当該規定に基づき、訴訟における証拠制度を中心に紹介する。

なお、国際仲裁においては、国際法曹協会(IBA)が制定した「IBA国際仲裁証拠調べ規則(IBA Rules on the Taking of Evidence in International Arbitration)」が幅広く利用されている。CIETACは、中国の民事訴訟法における証拠制度及びIBAの規則を参考し、2015年に、「中国国際経済貿易仲裁委員会　証拠ガイドライン」を制定した。同証拠ガイドラインは、全5章26条より構成され、立証責任、証拠収集及び証拠交換、証拠調べ並びに証拠検証等を定めている。当該ガイドラインは、CIETACの仲裁規則に含まれないが、当事者の選定により仲裁手続において適用することが可能である。

1　証拠の分類

仲裁法には、証拠の分類に関する規定はない。民事訴訟法第63条によれば、証拠には、当事者の陳述、書証、物証、視聴覚資料、電子データ、証人の証言、鑑定意見及び検証記録が含まれる。

(1)　当事者の陳述

当事者の陳述は、仲裁当事者が仲裁手続において、事件の事実関係を、口頭又は申立書、答弁書若しくは代理意見書等の書面にて法廷に対して行う陳述をいう。

当事者の一方が法廷審理において、又は訴状、答弁書、代理意見書等の書面資料において、自己に不利な事実について明確に認諾を示した場合、当事者の他の一方は挙証証明を行う必要はない（民事訴訟法司法解釈第92条1項、証拠規定第3条）。一方、当事者の一方は、他方当事者が主張する自己に不利な事実について承認又は否認を示さず、裁判官による説明及び確認を受けた後でも、承認又は否認を明確に示さない場合、当該事実に対する承認とみなすことになる（証拠規定第4条）。なお、代理人による訴訟参加の場合は、代理人に対する授権委任状で明確に除外されていなければ、訴訟代理人による承認が当事者による自認とみなされる（当事者がその場で否認した場合はこの限りでない）（証拠規定第5条）。なお、「身分関係、国の利益、社会公共の利益等に係る人民法院が職権により調査すべきもの」、「当事者が悪意により結託し、他人の合法的権益を損なうおそれがあるもの」及び「職権による当事者の追加、訴訟の中断、訴訟の終了、忌避等の手続事項に係るもの」については、当事者の自認に関する規定を適用しないとされている（民事訴訟法司法解釈第92条2項、第96条1項、証拠規定第8条）。

(2) 書証、物証

書証と物証は、原本又は原物を提出しなければならない。原本又は原物を提出することが明らかに困難である場合には、複製品、写真、副本又は抄本を提出することができる（民事訴訟法第70条1項）。民事訴訟法司法解釈第111条によれば、書証の原本を提出することが確かに困難である場合には、「書証の原本が遺失、滅失又は毀損したとき」、「原本が相手方当事者の支配下にあり、合法的に提出するよう通知しても提出を拒むとき」、「原本が他人の支配下にあり、その者が提出しない権利を有するとき」、「原本の紙幅又は量が過度に大きいため提出に不便なとき」及び「挙証証明責任を負う当事者が人民法院に調査収集を申請し、又はその他の方式を通じても書証の原本を取得できないとき」が含まれる。

証拠規定第47条に基づき、①書証を支配する当事者が訴訟でかつて引用した書証、②相手当事者の利益のために作成された書証、③相手当事者が法律の規定に基づいて閲覧、取得する権利を有する書証、④帳簿、記帳の原始証憑、⑤人民法院が書証を提出しなければならないと認定したその他の状況において、書証を支配する当事者は書証を提出しなければならない。また、証拠規定第48条に基づき、書証を支配する当事者が正当な理由なく書証の提出を拒否した場合、人民法院は相手当事者の主張する書証の内容が事実であると認定することができる。

なお、証書の言語について、民事訴訟法第70条2項は「外国語による書証を提出するときは、中国語の訳文を添付しなければならない。」と定めているが、仲裁においては、仲裁廷の判断に委ねられることが多い。例えば、CIETAC仲裁規則（2015年版）第81条によれば、当事者が提出する各種文書及び証明資料につき、仲裁廷又はCIETAC仲裁院は必要であると認める場合には、当事者に対して、相応する中国語の訳文又はその他の言語の訳文を提供することを要求することができるとされている。

(3) 視聴覚資料

視聴覚資料には、録音資料や録画資料が含まれる。人民法院は、視聴覚資料について、真偽を判別し、かつ当該事件のその他の証拠と結合して、事実認定の根拠とすることができる否かを審査して確定しなければならない（民事訴訟法第71条）。当事者が視聴覚資料を証拠として提出する場合は、当該視聴覚資料を保存した原始媒体を提供しなければならない（証拠規定第15条1項）。

過去に、当事者の同意を得ずに、密かに録音や録画した資料が証拠として認められるか否かについての議論があった。この点について、民事訴訟法司法解釈第106条は、「他人の合法的権益を著しく損ない、法律の禁止規定に違反し、又は公序良俗に著しく反する方法で形成され、又は入手された証拠については、事件の事実を認定する根拠としてはならない。」と定めた。これを受けて、単に当事者の同意を得ていないことだけでは、録音や録画の証拠の合法性は否認されなくなっている。

(4) 電子データ

電子データは、民事訴訟法の2012年改正時に新たに追加された証拠である。電子データは、電子メール、電子データ交換、チャットの記録、ブログ、マイクロブログ、携帯電話のショートメッセージ、電子署名、ドメインネーム等を通じて電子媒体に形成され、又は保存された情報を指す（民事訴訟法司法解釈第116条2項）。また、電子データについて、証拠規定の2019年改正時に、下表のとおり、より具体的な規定が設けられた。

証拠規定第14条（新設）
電子データには以下に掲げる情報、電子ファイルが含まれる。
(1)　ウェブページ、ブログ、マイクロブログ等のネットワークプラットフォームで発信された情報
(2)　携帯電話ショートメッセージ、電子メール、インスタントメッ

センジャー、通信グループ等のネットワークアプリケーションサービスの通信情報
(3) ユーザ登録情報、身分認証情報、電子取引記録、通信記録、ログインログ等の情報
(4) ドキュメント、画像、オーディオ、ビデオ、デジタル証明書、コンピュータプログラム等の電子ファイル
(5) その他デジタル形式で格納、処理、伝送される事件事実を証明できる情報

当事者が電子データを証拠として提出する場合は、電子データの原本を提供しなければならない。また、電子データの制作者が作成した原本と一致する副本、又は電子データを直接印刷したもの若しくは電子データを表示又は識別できるその他の媒体は、電子データの原本とみなされる（証拠規定第15条2項）。

(5) 証人の証言

民事訴訟法第72条1項に基づき、事件の状況を知る組織及び個人は、いずれも出廷して証言する義務を有し、関係組織の責任者は、証人が証言することを支持しなければならない。また、意思を正確に表明することができない者は、証言をすることができない（民事訴訟法第72条2項）。なお、立証される事実が証人の年齢、知力又は精神健康状況に相応しい場合は、制限行為能力者又は行為無力者でも証人として認められる（証拠規定第67条2項）。

(6) 鑑定意見

仲裁手続において、仲裁廷は、専門的問題について鑑定が必要であると認める場合には、当事者の約定した鑑定機関に鑑定を依頼することができ、また、仲裁廷の指定する鑑定機関に鑑定させることもできる（仲裁法第44条1項）。

また、多くの仲裁機関の仲裁規則において、鑑定に関する規定が設けられている。例えば、CIETAC仲裁規則第44条に基づくと、「仲裁廷は、事件における専門的な問題について、専門家に諮問し又は鑑定人を指定して鑑定させることができる。専門家及び鑑定人は、中国又は外国の機関又は自然人であることができる。」、「専門家報告及び鑑定報告の副本は、当事者に転送したうえで、当事者に意見を提出する機会を与えなければならない。一方の当事者が、専門家又は鑑定人に対して開廷に参加することを要求する場合、仲裁廷の同意を経て、専門家又は鑑定人は開廷に参加しなければならず、かつ仲裁廷が必要であると認める場合には、作成した報告について説明をしなければならない。」とされている。

仲裁法及び仲裁規則において、仲裁廷が鑑定機関に鑑定を依頼することができると定めているが、実務上、鑑定費用を誰が支払うのかという問題があるため、仲裁廷が自己の判断により、積極的に鑑定機関に鑑定を依頼することは少ない。

(7) 検証記録

人民法院は、必要があると判断した場合、当事者の申立に基づき、又は職権により物証もしくは現場について検証を行うことができる（民事訴訟法司法解釈第124条）。人民法院が物証又は現場の検証を行う場合、記録を作成しなければならず、検証の時間、場所、検証人、立会人、検証の経過、結果を記録し、検証人及び立会人が署名又は捺印しなければならない。作成した現場図面については、作成した期日、方位、作成者の氏名、身分等の内容を注記しなければならない（証拠規定第43条3項）。

2　立証責任の負担

(1) 主張する側の立証責任

仲裁法第43条1項に基づき、当事者は、自らの主張について証拠を提出しなければならない。具体的には、当事者は、その申立、答弁及び反対請求につき、根拠となる事実について証拠を提出し、かかる事実を証明しなければならず、また、その主張、弁論及び抗弁の要点につき、根拠を提出しなければならない。民事訴訟法司法解釈第90条によれば、「当事者は、自らが提起した訴訟上の請求の根拠となる事実又は相手方の訴訟上の請求に対する反論の根拠となる事実については、証拠を提供して証明しなければならない。但し、法律に別段の定めがある場合を除く。判決をする前に、当事者がその事実の主張を証明する証拠を提供できず、又は証明するには証拠が不十分である場合、挙証証明責任を負う当事者が不利な結果を引き受ける。」とされている。

(2) 立証責任の免除

民事訴訟法司法解釈第93条1項に基づき、①自然界の法則及び定理、定律、②公知の事実、③法律の規定に基づき推定する事実、④既知の事実及び日常生活における経験則に基づき推定した別の事実、⑤すでに人民法院の法的効力を生じた裁判により確認された事実、⑥すでに仲裁機関の効力を生じた判断により確認された事実、⑦すでに有効な公証文書により証明されている事実は、当事者が立証を行う必要はない。なお、証拠規定第10条1項には同じ旨の規定がある。

但し、上記うち、②～④に定める事実については、当事者に反論するに足りる反証がある場合、⑤～⑦に定める事実については、当事者に覆すに足りる反証がある場合には、依然として立証が必要になる（民事訴訟法司法解釈第93条2項）。

(3) 立証責任の転換

中国法では、立証責任の転換（立証責任を反対側の当事者に負わせること）に関する規定がある。例えば、会社法（2018年改正版）第63条には、「一人有限責任会社の株主は、会社の財産が株主自身の財産から独立していることを証明することができない場合は、会社の債務について連帯して責任を負わなければならない。」という規定があり、不正競争防止法

（2019年改正版）第32条には、「営業秘密の侵害に関する民事裁判プロセスにおいては、営業秘密の権利者が初歩的な証拠を提供し、自らが主張する営業秘密について秘密保持措置を講じていることを証明し、かつ営業秘密が侵害されたことを合理的に示した場合には、権利侵害の嫌疑のある者は、権利者が主張する営業秘密は本法に定める営業秘密に該当しないことを証明しなければならない。営業秘密の権利者が初歩的な証拠を提供し、営業秘密が侵害されたことを示し、かつ次に掲げる証拠のいずれかを提供した場合は、権利侵害の嫌疑のある者は自らによる営業秘密の侵害行為が存在しないことを証明しなければならない。㈠権利侵害の嫌疑のある者が営業秘密を取得するルート又は機会を有し、かつその使用する情報が当該営業秘密と実質的に同じであることを示す証拠、㈡営業秘密が権利侵害の嫌疑のある者により開示、使用された、又は開示、使用されるおそれがあることを示す証拠、㈢営業秘密が権利侵害の嫌疑のある者により侵害されたことを示すその他の証拠」という規定がある。

3　事実認定の基準

(1) 証拠の審査

裁判官は事件の全ての証拠について、各証拠と事件事実の関連度合い、各証拠間の関連性等の面から総合的に審査し判断しなければならない（証拠規定第88条）。また、判決文書において、証拠の採否理由を明記しなければならない（証拠規定第97条）。

単一の証拠については、裁判官は、①証拠が原本、原物であるかどうか、複写、複製品と原本、原物とが一致しているのか、②証拠と本件の事実とが関係しているのか、③証拠の形成、出所が法律規定に適合しているか、④証拠の内容が真実かどうか、及び⑤証人又は証拠の提供者と当事者とに利害関係の有無等の点から審査し認定することができる（証拠規定第87条）。但し、①当事者の陳述、②民事行為無能力者又は民事行為制限能力者がなしたその年齢、知力状況若しくは精神健康情況に相当しない証言、③一方当事者又はその代理人と利害関係のある証人が陳述した証言、④疑問点がある視聴資料、電子データ、及び⑤原本、原物と照合できない複写、複製品は、単独で事件事実を認定する根拠としてはならない（証拠規定第90条）。

電子データの真実性について、人民法院は、①電子データの生成、格納、伝送に使用するコンピュータシステムのハードウェア、ソフトウェア環境が完全で、信頼できるか、②電子データの生成、格納、伝送に使用するコンピュータシステムのハードウェア、ソフトウェア環境が正常に動作しているか、又は正常に動作していない状態で電子データの生成、格納、伝送に影響があるか、③電子データの生成、格納、伝送に使用するコンピュータシステムのハードウェア、ソフトウェア環境にエラーを防止するための効果的な監視、検証手段が備えられているか、④電子データは完全に格納、伝送、抽出されたか、保存、伝送、抽出された方法が信頼できるか、⑤電子データは正常な操作において形成され、格納されているか、⑥電子データを保全、伝送、抽出した主体は適切か、及び⑦電子データの完全性と信頼性に影響を与えるその他の要因を総合的に判断しなければならない（証拠規定第93条）。

また、人民法院は証人の証言を認定する場合、証人の知力情況、品性、知識、経験、法意識及び専門技能等を総合的な分析を通じて判断することができる（証拠規定第96条）。

(2) 事実認定

事実認定の基準については、民事訴訟法司法解釈第108条及び第109条に基づけば、以下の通りとなる。なお、証明予定事実の満たすべき証明の基準について、法律に別段の定めがある場合、その規定に従う。

① 立証責任を負う当事者が提供した証拠について、人民法院は、審査の結果、かつ関連事実を踏まえ、証明予定事実の存在について高い可能性があると確信する場合、当該事実は存在すると認定しなければならない。

② 当事者の一方が、立証責任を負う当事者が主張した事実に反論するために提供した証拠について、人民法院は、審査の結果、かつ関連事実を踏まえ、証明予定事実の真偽が不明であると判断した場合、当該事実は存在しないと認定しなければならない。

③ 当事者による詐欺、脅迫、悪意による結託の事実の証明について、人民法院は、当該証明予定事実の存在の可能性に合理的な疑いを排除できると確信する場合、当該事実は存在すると認定しなければならない。

4　証拠開示制度

中国が大陸法系であり、英米法におけるディスクロージャー（Disclosure）という概念はない。これに対応するものとして、人民法院による書証の提出命令制度がある。その法律根拠が民事訴訟法司法解釈第112条である。

当該規定に基づくと、

① 書証が相手方当事者の支配下にある場合、立証責任を負う当事者は、証拠提出期間の満了前に人民法院に対し相手方当事者に提出を命じるよう書面で申し立てることができる。

② 申立理由が成立する場合、人民法院は、相手方当事者に提出を命じなければならず、書証の提出により生じた費用は、申立人が負担する。

③ 相手方当事者が正当な理由なく提出を拒む場合、人民法院は、申立人が主張する書証の内容が真実であると認定することができる。

書証を所持する当事者が、相手方当事者による使用を妨害することを目的として、関連書証を隠滅し、又は書証を使用不能にするその他の行為を実施した場合、人民法院は、民事訴訟法第111条の規定に従い、その者に対して過料、拘留に処することができる（民事訴訟法司法解釈第113

条)。

なお、証拠開示制度について、仲裁法には何らの規定がない。但し、一部の仲裁機関の仲裁規則にはそれに類似する規定がある。例えば、広州仲裁委員会仲裁規則（2017年版）第38条は、「当事者が証拠を調査・収集することは確かに困難である場合には、当事者が申請したうえで、仲裁廷が必要と認めたときに、調査協力状を発行することができる。当事者の代理人弁護士は調査協力状を持って関連組織又は個人において証拠を調査･収集することができる。」と定めている。しかしながら、当該調査協力状が法的な強制力を有しないため、実務上関係者に無視される可能性が高い。

5　証拠保全

(1) 国内仲裁及び渉外仲裁の証拠保全

中国における仲裁において、証拠が滅失し、又は後からでは取得が困難になるおそれがある場合には、当事者は、証拠保全を申し立てることができる。当事者が証拠保全を申し立てた場合には、仲裁機関は、当事者の申立を証拠所在地の基層人民法院に移送しなければならない（仲裁法第46条)。また、渉外仲裁の当事者が証拠保全を申し立てた場合には、仲裁機関は、当事者の申立を証拠所在地の中級人民法院に移送しなければならない（仲裁法第68条)。即ち、仲裁機関は、証拠保全に関する措置を取ることができない。当事者の証拠保全の申立は、国内仲裁であるのか、渉外仲裁であるのかによって、それぞれ管轄権を有する人民法院に移送されて、人民法院より対応されることになる。これに関し､「人民法院の執行業務における若干問題に関する規定（試行)」第9条、第10条にも同じ旨の規定が設けられている。

実務上、仲裁機関と人民法院との連携がスムーズにいかず、仲裁機関から移送を受けた場合の保全手続に慣れていない人民法院も多く、当事者の保全申立が、書類不備等の理由により、差し戻しされ、さらには受理されないケースもあり、本来迅速に行うべき保全が迅速にできないリスクが指摘されている。

また、状況の緊急性により、証拠が滅失し、又はその後において取得するのが困難となるおそれのある状況の下において、利害関係人は、仲裁を申し立てる前に、証拠所在地、被申立人所在地の人民法院又は事件につき管轄権を有する人民法院に対して、直接証拠保全を申し立てることができる（民事訴訟法第81条2項）。ここでいう「利害関係人」とは、仲裁手続がまだ開始されていないため、仲裁の当事者とは言えず、権益が侵害され、又は侵害されるおそれのある、関係者との間で紛争が生じる可能性のある者を指す。証拠保全を行うか否かの判断は、最終的には、管轄権を有する人民法院の裁量に委ねられることになる。

(2) 外国仲裁機関による証拠保全

最高人民法院と香港特別行政区政府が 2019 年 4月 2日に締結した「内陸及び香港特別行政区の裁判所間の仲裁手続の相互共助保全に関する取決め」に基づき、香港仲裁を利用する場合には、仲裁判断が出される前に、当事者が中国国内の中級人民法院に保全措置を申請することができるようになった。他方、香港以外のその他の国や地域の仲裁機関の当事者が中国の人民法院に保全措置を申請する場合については、法的根拠が存在せず、中国国外の仲裁機関が発行した保全命令に基づく中国国内での保全措置は原則として認められない状況である[1]。中国国外の仲裁機関にて仲裁を行う場合には、この点にも特に留意しなければならない。

なお、ニューヨーク条約は、外国仲裁判断の承認及び執行に関する条約であるため、保全措置はその適用対象には含まれない。

(3) 証拠保全の措置

証拠保全の具体的な措置について、証拠規定第27条2条によれば、当事者の申立及び具体的な状況に応じて、人民法院は、封印、差押、録音、録画、複製、鑑定、検証記録等の方法で証拠保存を行うことができ、かつ

[1] 「海事訴訟特別プロセスの若干問題に関する解釈」第47条2項に基づき、海事仲裁の場合、一定の範囲での証拠保全が認められる。

記録を作成する。即ち、証拠によって保全措置が異なる。

実務上、証人の証言については記録や録音の作成、物証については人民法院による検証記録、作図、撮影、録画、原物の保存、腐りやすい・変質しやすいものについては売却と代金の保管、書証及び視聴覚資料については人民法院が速やかに集めて保存すること等が行われている。

6　立証の期限

仲裁法には、証拠の提出期限に関する規定はない。実務上、証拠の提出期限については、仲裁規則に従い、仲裁廷の判断に委ねられることになる。

CIETAC仲裁規則第41条は、「㈡仲裁廷は、当事者の証拠提出期限を定めることができる。当事者は、定められた期間内に証拠を提出しなければならない。期間に遅れて提出した場合、仲裁廷はこれを受理しないことができる。当事者は、挙証期限内に証拠資料を提出することが確かに困難である場合、期限の満了前に、挙証期限の延長を申請することができる。期限を延長するか否かは、仲裁廷が決定する。㈢当事者が所定の期限までに証拠を提出することができない場合、又は証拠を提出したがその主張を証明するには足りない場合、挙証責任を負う当事者は、それにより生じる不利な結果を負う。」と定めている。

なお、実務上、仲裁機関が事件を受理した後、当事者に出す仲裁通知に、証拠の提出期限を明記することもある。

第9章
保全制度

中国では、仲裁判断を得た後に、強制執行を行う段階で、敗北した当事者が財産を隠匿する場合等があるため、「執行難」が問題となることが多い（裁判の場合も同様）。そこで、申立人にとっては、仲裁手続を行う前又は仲裁手続中に、被申立人の財産に対してどのような保全措置を講じることができるかが肝要となる。

国外仲裁機関による中国国外での仲裁との比較において、国内仲裁機関による中国国内での仲裁のメリットの一つとして挙げられるのは、国内仲裁機関で仲裁を行う場合、保全措置を講じることが可能な点である。国外仲裁機関による中国国外での仲裁において、仮に仲裁機関が保全措置の裁定や命令を下しても、中国で執行することが認められない。

従来、保全措置の申立は、仲裁手続開始後に限定されていたために実効性に疑問があったが、2012年の民事訴訟法の第二次改正により、第81条2項及び第101条1項の従来の規定が修正され、仲裁申立前に保全措置を申し立てることが認められるようになった。

また、中国では、仲裁手続における保全措置については、仲裁機関又は仲裁廷には何ら裁量権がなく、当事者の保全措置の申立を人民法院に移送するだけである。保全措置を主管する人民法院は、被申立人所在地、財産所在地又は証拠所在地もしくは事件の管轄権を有する基層人民法院（国内仲裁の場合）又は中級人民法院（渉外仲裁の場合）である。

なお、保全措置の申立に対して、主管人民法院は、自らが審

理する事件ではないために、より慎重な態度を取り、積極的に動かないことがしばしば指摘されている。実務上、主管人民法院は、保全措置をとる前に、申立人に対して保全対象に相当する金額の担保の提供を求めることが多い。

1　財産保全の申立

財産保全に関する主な法律根拠として、民事訴訟法及びその司法解釈のほか、「人民法院による財産保全事件の処理に関する若干問題についての規定（2020年改正版）」（以下「財産保全規定」という）がある。財産保全規定は、2016年10月17日に公布、2020年12月29日に改正され、財産保全の申立、執行及び解除、並びに担保提供等を定めている。

(1) 仲裁申立前の保全

仲裁申立前の保全措置制度は、2012年民事訴訟法の改正時に初めて導入された制度である。

民事訴訟法（2012年改正版）第101条によれば、「利害関係人は、緊急の状況により直ちに保全の申立をしなければ、その者の適法な権益につき補填することが困難な損害を受けるおそれがある場合には、訴訟の提起又は仲裁の申立前に、被保全財産の所在地、被申立人の住所地又は事件の管轄権を有する人民法院に対して保全措置の採用を申し立てることができる。申立人は担保を提供しなければならず、担保を提供しない場合には、申立の却下を裁定する（1項）。人民法院は申立を受けた後、48時間以内に裁定を下さなければならない。保全措置を講ずる旨の裁定をした場合には、直ちに執行を開始しなければならない（2項）。人民法院が保全措置を講じてから30日以内に、申立人が法律に基づいて訴訟提起又は仲裁申立をしない場合には、人民法院は保全を解除しなければならない（3項）。」とされている。

上記の通り、仲裁申立前の保全措置は、緊急の状況に限られる緊急的な救済措置である。この場合は、申立人は、仲裁機関を経由せずに、直接人民法院に対して保全を申し立てることが可能である。

もっとも、仲裁申立前の保全措置について、中国の現行法上、より具体的な適用条件や申立プロセス等に関する規定はない。このため、実務上、人民法院によって判断基準が異なり、また、人民法院が仲裁申立前の保全申立を受理し、保全措置を講じる旨の裁定をする事例は非常に少ない。

(2) 仲裁手続中の保全

仲裁手続中の保全措置について、仲裁法第28条によれば、「一方の当事者は、他方の当事者の行為又はその他の原因により、判断の執行が不能又は困難になるおそれがある場合には、財産保全を申し立てることができる（1項）。当事者が財産保全を申し立てた場合には、仲裁委員会は、民事訴訟法の関連規定に従い当事者の申立を人民法院に移送しなければならない（2項）。」とされている。仲裁申立前の保全措置と異なり、仲裁手続中の場合には、当事者は仲裁委員会に対して申立を行い、仲裁委員会は当該申立を人民法院に移送することになる。

また、仲裁手続中の保全措置についても、現行法上、その適用条件に関する具体的な法律規定はない。但し、実務上、仲裁委員会及び人民法院は、「他方の当事者の行為又はその他の原因により、判断の執行が不能又は困難になるおそれがある」ことに関する立証を強く求めない。

(3) 財産保全の申立

申立人は、財産保全を申し立てるにあたり、人民法院に申立書を提出し、かつ関連証拠資料を提供しなければならない。実務上、被申立人の財産状況及びその所在地等について、申立人が人民法院に対して情報を提供することが求められることになる。人民法院は積極的に被申立人の財産状況等を調査することは少ない。よって、申立人が財産保全の申立を行う前に、被申立人の財産状況及び所在地等を自力で十分に調査を行うことが重要である。

なお、申立書には、次に掲げる事項を記載しなければならない（財産保全規定第1条2項）。

① 申立人と被申立人の身分、送達住所、連絡方式

② 請求事項並びにその根拠となる事実及び理由

③ 保全請求額又は係争物

④ 明確な被保全財産の情報又は具体的な被保全財産の端緒

⑤ 財産保全のため担保として提供する財産の情報若しくは資産信用証明、又は担保提供を必要としない理由

⑥ 記載を必要とするその他の事項

(4) 財産保全の措置

財産保全の具体的な措置については、仲裁法には関連規定がなく、民事訴訟法及びその司法解釈における関連規定が適用されることになる。具体的には、対象財産によって、封印、差押、凍結等が含まれる。当該措置の主な法律根拠は、「人民法院の民事執行における財産の封印・差押・凍結に関する規定」（以下「封印差押凍結規定」という）である。

封印（中国語では「査封」という）については、移動困難な動産や不動産に対して、封印紙貼付け方式を採用することは一般的である。また、財産権証書を有する動産又は不動産に対する封印については、人民法院は関係管理当局に執行協力通知を発し、封印財産の移転・名義書換手続を行わないよう要求し、更に、同時に被執行人に対して、財産権に関する証書を人民法院が保管するために、引き渡すよう命ずることができる。

差押については、人民法院は対象動産を差し押さえて、被執行人の占有から離脱させ、任意に処分させない措置を指す。差し押さえられた財産は、人民法院自らが保管することができ、またその他の機関あるいは個人にその保管を委託することもできる。なお、保管人は、差押財産を使用してはならない。

凍結については、人民法院は被執行人の銀行等の金融機関にある金銭

を差し押さえて、その流動又は変動を防ぐための措置を指す。人民法院が預金の凍結を決定する場合には、裁定を下し、かつ執行協力通知書を発しなければならず、銀行等の金融機関は、これを処理しなければならない。

なお、財産がすでに封印され、凍結されている場合には、重複して封印し、凍結してはならない（民事訴訟法第103条2項）。すでに人民法院によって封印、差押、凍結されている財産について、その他の人民法院は、後順位の封印、差押、凍結を行うことができる。封印、差押、凍結が解除された場合には、先に登記された後順位の封印、差押、凍結が自動的に効力を生じる（封印差押凍結規定第26条1項）。

2　管轄権を有する人民法院

「人民法院の執行業務における若干問題に関する規定（試行）」第9条及び第10条に基づき、当事者による財産保全の申立について、国内仲裁の場合は、被申立人住所地又は保全財産所在地の基層人民法院が裁定及び執行を行い、渉外仲裁の場合は、被申立人住所地又は保全財産所在地の中級人民法院が裁定及び執行を行うことになる。

上記の規定にかかわらず、地方によっては、国内仲裁と渉外仲裁、仲裁申立前の財産保全と仲裁手続中の財産保全を問わず、中級人民法院が一律裁定し執行することがある。実務上、保全申立を行う前に、被申立人住所地又は保全財産所在地に人民法院の管轄権に関する特別な規定があるか否かをあらかじめ確認する必要がある。

3 担保及び反担保の提供

(1) 担保提供

管轄権を有する人民法院は、保全措置を講じるか否かを判断する際に、申立人に対して担保提供を求めることが一般的である。民事訴訟法第100条及び第101条に基づき、申立人は担保を提供しなければならず、担保を提供しない場合には、人民法院は申立の却下を裁定することになる。なお、「事件の事実が明らかで、権利義務関係が明確であり、保全の誤りが生じる可能性が比較的低い場合」、人民法院は、担保の提供を要求しないことができるとされているが（財産保全規定第9条1項5号）、実務上、人民法院から担保不要の許可を得ることは極めて難しい。

担保の具体的な金額等については、財産保全規定第5条は、①当事者による財産保全の申立について、担保金額は担保請求金額の30％まで、②保全申立の財産が紛争対象物である場合、担保金額は紛争対象物価値の30％までとするが、一方、③利害関係者は、訴訟前財産保全を申し立てる場合、保全申請金額に相当する担保を提供しなくてはならず、④特別な場合、人民法院が情状を酌量することができると定めている。

上記規定にかかわらず、実務上、ほとんどの人民法院は、保全申立人に対して保全申請金額に相当する担保の提供を求める。また、担保の方式についても、地方によって異なる可能性が高い。具体的に言うと、申立人による金銭担保や物的担保の場合もあるし、第三者による信用担保、物的担保又は金銭担保の場合もある。更に、近年、担保を業とする専門会社による担保の利用が増えている。

(2) 反担保

民事訴訟法第104条によれば、財産紛争事件において、被保全人が担保を提供する場合は、人民法院は保全の解除を裁定しなければならないとされている。被申立人による担保提供は、実務上、反担保と呼ばれている。

また、財産保全における被保全人がその他の等価の担保財産を提供し、かつ執行に便利である場合、人民法院は、保全目的物を被保全人が提供する担保財産に変更する旨の裁定をすることもできる（民事訴訟法司法解釈第167条）。

4　保全措置の解除

人民法院が保全措置を講じる旨の裁定をした後、保全の裁定をした人民法院が自ら解除し、又はその上級人民法院が解除を決定した場合を除き、保全期間内に、いかなる者も保全措置を解除してはならない（民事訴訟法司法解釈第165条）。

(1) 人民法院が自ら保全措置を解除する場合

保全措置を講じる旨の裁定をした後、次の各号に掲げる事由のいずれかに該当する場合、人民法院は、保全を解除する旨の裁定をしなければならない（民事訴訟法司法解釈第166条）。

① 保全が誤りである場合
② 申立人が保全の申立を取り下げた場合
③ 申立人の訴え又は訴訟上の請求が効力を生じた裁判により却下又は棄却された場合
④ 人民法院が保全を解除すべきと判断するその他の場合

なお、民事訴訟法第105条によれば、申立に誤りがあった場合には、申立人は、被申立人が財産保全により受けた損害を賠償しなければならないとされている。よって、申立人は財産保全の申立を行う前に、慎重に検討する必要がある。

(2) 申立人が保全措置の解除を申し立てる場合

人民法院が財産保全措置を取った後、次の各号に掲げる事由のいずれかに該当する場合、申立人は、遅滞なく保全解除を申し立てなければならない。申立人が遅滞なく人民法院に保全解除を申し立てない場合、被申立人の財産保全により被った損失を賠償しなければならない（財産保全規定第23条）。

① 財産保全措置が取られた後30日以内に法により訴訟を提起せず、又は仲裁を申し立てない場合
② 仲裁機関が仲裁申立を受理せず、仲裁申立の取下げを許可し、又は仲裁申立の取下げとして処理した場合
③ 仲裁の申立又は請求が仲裁判断により棄却された場合
④ 保全申立人が保全解除を申し立てなければならないその他の場合

5 行為保全

中国では、2012年民事訴訟法の改正時に、初めて行為保全に関する規定を設けた。民事訴訟法（2012年改正版）第100条に基づき、人民法院は、当事者の一方の行為又はその他の事由により、判決の執行が難しくなる、又は当事者にその他の損害を生じさせるおそれがある事件に対しては、相手方当事者の申立に基づき、財産に対する保全を行うこと、又は一定行為を行うこと若しくは一定の行為を禁止することを命令する旨の裁定をすることができる。なお、知的財産権侵害等の事件では、時には当事者に対して一定の行為を禁止し又は当事者に一定の行為を求めることによって、権利侵害の発生を抑制し損害拡大を防止する必要があり、そのために、設けられた制度であると言われている。

但し、上記民事訴訟法における規定は、訴訟中の行為保全に関するものであり、仲裁手続に適用されるのかは不明である。この点については、仲裁法やその司法解釈にも明確な規定はない。

しかしながら、実務上、仲裁申立前の保全に関する民事訴訟法第101条に定める「保全措置」には財産保全と行為保全の両方が含まれることを理由として、仲裁申立前の行為保全が認められている以上、仲裁手続中の行為保全を認めない理由はないと解されている。

6　内陸と香港の間の仲裁保全に関する特別規定

(1)　内陸と香港における保全措置

内陸と香港の間の仲裁保全について、最高人民法院は、2019年9月26日に「内陸及び香港特別行政区の裁判所間の仲裁手続の相互共助保全に関する取決め」、2020年11月26日に「内陸及び香港特別行政区との仲裁判断の相互執行に関する補充取決め（2020）」、2021年5月18日に「内陸及び香港特別行政区との仲裁判断の相互執行に関する補充取決め（2021）」を公布した。当該規定に定める「保全」には、内陸における財産保全、証拠保全及び行為保全が含まれ、また、香港における差止め又は作為命令（injunction）又はその他の暫定措置（①仲裁判断が下される前の現状維持又は原状回復、②仲裁手続に損害が生じることを防止する措置を取ること、又は損害を生じさせる措置を取らないこと、③資産保全又は証拠保全）も含まれるとされている。

(2)　内陸の人民法院への保全申立

香港仲裁手続の当事者は、仲裁判断が下される前に、内陸の民事訴訟法、仲裁法等に基づき、被申立人の住所地、財産所在地又は証拠所在地を管轄する内陸の中級人民法院に保全を申し立てることが可能である。また、保全申立は仲裁申立の前でも可能であるが、仲裁申立前に保全申立を行った場合、保全措置後30日以内に仲裁を申し立てた旨の証明書が提出されなければ、人民法院は保全措置を解除することになる。

「内陸及び香港特別行政区の裁判所間の仲裁手続の相互共助保全に関する取決め」第4条、第5条に基づき、内陸の人民法院に保全を申し立てる場合、次に掲げる書類を提出しなければならない。

① 保全申立書。

② 仲裁合意。

③ 身分証明書類。申立人が自然人である場合には、身分証明書の副本を提出しなければならない。申立人が法人又は非法人組織である場合には、登録登記証書の副本及び法定代表者又は責任者の身分証明書の副本。

④ 関連機関又は常設事務所が仲裁事件を受理した後に保全を申し立てる場合、主な仲裁請求及び根拠となる事実と理由を含む仲裁申立書類並びに関連証拠資料、当該機関又は常設事務所が発行した、関連仲裁事件が受理済みであることを証明する書類。

⑤ 内陸の人民法院が求めるその他の書類。

また、身分証明に関する書類が内陸以外で作成された場合、内陸の関連法律規定に基づき証明手続を行わなければならない。内陸の人民法院に提出する書類は中国語版がない場合には、正確な中国語訳を提出しなければならない。

保全申立書の記載事項

保全申立書には、次に掲げる事項を明記しなければならない。	
①	当事者の基本状況。当事者が自然人である場合には、氏名、住所、身分証明書情報、連絡先等を含む。当事者が法人又は非法人組織である場合には、法人又は非法人組織の名称、住所及び法定代表者又は主な責任者の氏名、職務、住所、身分証明書情報、連絡先等を含む。
②	請求事項。その中には、保全申立の財産の金額、行為保全申立の内容と期限等を含む。
③	請求の根拠となる事実、理由及び関連証拠。その中には、緊急の状況により直ちに保全を行わなければ、申立人の適法な権益につき補填することが困難な損害を受けるおそれがあること、又は仲裁判断の執行が困難になるおそれがあることに関する説明を含む。

④	保全申立の財産、証拠の明確な情報又は具体的な手掛り。
⑤	担保の提供に用いる内陸の財産情報又は資産信用証明。
⑥	その他の人民法院、関連機関又は常設事務所に既に本取決めが規定する申立をしたか否か、及びその申立の状況。
⑦	その他明記する必要がある事項。

(3) 香港の法院への保全申立

内陸の仲裁手続の当事者は、仲裁判断が下される前に、香港特別行政区の仲裁条例、高等法院条例に基づき、香港特別行政区高等法院に保全の申立をすることができる。

「内陸及び香港特別行政区の裁判所間の仲裁手続の相互共助保全に関する取決め」第7条に基づき、香港特別行政区の法院に保全を申し立てる場合、香港特別行政区の関連法律規定に基づき、申立、申立の宣誓供述書、付属する証拠物、論点綱要及び法廷命令の草案[1]を提出しなければならず、かつ次に掲げる事項を明記しなければならない。

① 当事者の基本状況。当事者が自然人である場合には、氏名、住所を含む。当事者が法人又は非法人組織である場合には、法人又は非法人組織の名称、住所及び法定代表者又は主な責任者の氏名、職務、連絡先等を含む。

② 申立事項及びその理由。

③ 申立対象の所在地及びその状況。

④ 被申立人が申立について行った、又は行う可能性のある回答及び意見。

⑤ 求められる保全を法廷が許可しない、又は一方的に申し立てる場合には当該保全を許可しないことを引き起こせる事実。

⑥ 申立人が香港特別行政区の法院に対して行う承諾。

⑦ その他明記する必要のある事項。

[1] the application, an affidavit supporting the application, exhibit(s) thereto, a skeleton argument and a draft court order

第10章
仲裁手続

商取引において、当事者間に紛争が生じ、仲裁手続を開始するときに、その法務担当者や顧問弁護士が最初に取るべき行動は、仲裁条項、指定されている仲裁規則及びその準拠法に定められている仲裁手続を確認することである。

一方、近年、中国におけるビジネス契約の紛争解決条項において、仲裁を起こす前に、関連当事者が友好的に協議し、紛争の解決を図らなければならないという協議条項を設けているケースが多く見受けられる。協議条項を設けることにより、仲裁を回避し、短時間・低コストで紛争を解決することが期待できる。しかし、協議条項の不備（例えば、スケジュールが不明確である場合）により、速やかに仲裁を提起できないという悪影響をもたらすおそれもある。

協議条項を規定する場合は、それを機能させるために、具体的なプロセス及びその法的効果を明確に定めなければならない。抽象的に、「仲裁を提起する前に、友好的に協議にて解決する」と規定するだけである場合は、実行可能性を欠き、一方当事者が仲裁を提起することによって、協議条項に基づく協議の有無を問わず、協議条項を満たしている又は放棄されていると判断される可能性が高い。

なお、具体的な仲裁手続は、基本的に仲裁機関によって異なる。本章では、仲裁法及びCIETAC仲裁規則（2015年版）における関連規定を中心に、中国での仲裁手続を紹介する。

1　仲裁代理人

(1) 代理人の選定

仲裁法第29条に基づき、当事者又はその法定代理人は、弁護士及びその他の代理人に仲裁の代理を委任することができる。また、CIETAC仲裁規則（2015年版）第22条によれば、「当事者は、中国及び／又は外国の仲裁代理人に、関係する仲裁事項の処理を授権することができる。」とされている。

上記規定から、弁護士等の仲裁代理人の選定が必須ではない。但し、仲裁は訴訟と対をなす独自の分野として確立しつつあるため、仲裁手続には、仲裁の専門家に依頼することが重要である。仲裁手続は、当事者が代理人を選ぶことからスタートするといっても過言ではない。

仲裁法やCIETAC仲裁規則等には、仲裁代理人の資格等に関する制限規定はない。実務上、特に渉外仲裁の場合は、国外の当事者が自らの国の弁護士に依頼することがよくある。その際に、中国における仲裁手続においては、外国弁護士が中国法を解釈し、中国法の適用をコメントすることが認められないことに留意が必要である。また、言語も代理人を選ぶ重要な要素となる。仲裁で使用する言語が堪能な弁護士を代理人とする場合は、通訳の時間と手間を省くことが可能であり、コミュニケーションミスを回避することも期待できる。

(2) 委任手続

民事訴訟法第264条は、「中華人民共和国の領域内に住所を有しない外国人、無国籍者、外国企業と組織が中華人民共和国の弁護士その他の人員に訴訟代理を委任し、中華人民共和国の領域外から送付し、又は委託交付する授権委任状は、所在する国の公証機関の証明を得て、かつ当該国に駐在する中華人民共和国の大使館又は領事館の認証を得た場合、又は中華人民共和国と当該所在国とが締結した関係条約に定める証明手続を履行した場合に限り、効力を有する。」と定めている。但し、当該規定は訴訟代理人への授権委任状に関する規定であり、仲裁手続においても適用されるとはされていない。

仲裁法には、上記民事訴訟法第264条に類似する規定はない。ほとんどの仲裁機関の仲裁規則は、当事者又はその代理人が代理人への授権委任状を提出しなければならないと定めているが、国外の当事者の授権委任状に関する公証、認証の有無を定めていない。

実務上、国外当事者がその代理人に交付する授権委任状については、通常、公証及び認証は当然には求められない。但し、相手当事者又はその代理人が授権委任状の信憑性等に疑問を呈した場合には、仲裁廷の判断により当該授権委任状の公証、認証が求められる可能性がある。

授権委任状サンプル：

授権委任状

●●仲裁委員会　御中

委任者である【社名／氏名】は、本人／当社が【相手当事者の社名／氏名】との間の【●●契約】に関する紛争事件につき、ここに【代理人の氏名】を代理人として委任する。

代理権限：代理人に対し、以下の事項につき特に授権する。
(1)　仲裁の申立／答弁／反対請求
(2)　仲裁人の選定
(3)　仲裁請求の承諾、変更又は放棄
(4)　仲裁審理における陳述、弁論
(5)　相手当事者との和解
(6)　関連法律文書の授受

委任者の氏名／社名：
住所：

郵便番号：　電話番号：　ファックス：

代理人の氏名：　職務：　身分証明書の番号：
住所：
郵便番号：　電話番号：　ファックス：

委任者
（署名、捺印）
年　月　日

2　仲裁の申立

(1) 申請書類

当事者は、仲裁を申し立てるにあたり、仲裁委員会に仲裁合意、仲裁申立書及び副本を提出しなければならない（仲裁法第22条）。このほかに、仲裁機関によって、その他の申請書類の提出が求められる可能性が高い。CIETACのウェブサイト上に公表されている「仲裁申立のお知らせ」に基づくと、仲裁申立書のほかに、代理人に対する授権委任状の原本、申立人の営業許可証（申立人が法人である場合。日本企業の登記簿謄本に相当）の副本及びその法定代表者の身分証明書の原本、又は申立人の身分証明書（申立人が自然人である場合）の副本、並びに財産保全及び／又は証拠保全の申請書が必要であるとされている。

(2) 仲裁申立書

仲裁法第23条に基づき、仲裁申立書には、次の各号に掲げる事項を明記しなければならない。

① 当事者の氏名、性別、年齢、職業、勤務先及び住所、又は法人もしくはその他の組織の名称、住所及び法定代表者もしくは主要責任者の氏名及び役職

② 仲裁の請求及び根拠となる事実及び理由

③　証拠及び証拠の出所、証人の氏名及び住所

そのうち、特に仲裁請求について、明確に記載しなければならない。仲裁請求が不明確である場合、敗訴側は、仲裁廷が仲裁請求の範囲を超えて仲裁判断をしたことを理由に、仲裁判断の無効を主張するおそれがあり、仲裁判断の執行可能性に不確定要素をもたらしてしまう。

また、CIETAC仲裁規則（2015年版）第12条に基づき、仲裁申立書には、「仲裁申立の根拠となる仲裁合意」及び「事件の内容及び紛争の要点」も明記する必要がある。

更に、仲裁手続をスムーズに進めるために、仲裁の言語、準拠法、適用する仲裁規則及び仲裁人の選定方法等について、仲裁機関の仲裁規則と一致しない場合は、関連内容を予め仲裁申立書に明記することが望ましい。

仲裁申立書サンプル：

仲裁申立書

●●仲裁委員会　御中

申立人：【社名／氏名】
　住所：　郵便番号：　電子メール：
　電話番号：　ファックス：
　代表者、役職：

申立人代理人：
　住所：　郵便番号：　電子メール：
　電話番号：　ファックス：

被申立人：【社名／氏名】
　身分証明書番号：【中国籍個人の場合】
　住所：　郵便番号：　電子メール：
　電話番号：　ファックス：

1　仲裁申立の根拠となる仲裁合意：【●契約第●条に定める仲裁条項】

2　仲裁の請求：
(1)　被申立人は申立人に対して●元を支払え
(2)　被申立人は申立人に対して違約金●元を支払え
(3)　仲裁人の報酬、仲裁人経費、代理人その他の専門家の報酬及び経費、その他仲裁手続のために要した費用はすべて被申立人の負担とする。
(4)　...

3　仲裁の請求を裏付ける根拠となる事実及び理由：
(1)　【取引の概要】
(2)　【契約の履行及び紛争の発生】
(3)　【紛争解決のための努力（例えば、当事者間の協議や弁護士レターの発送等）】

証拠リスト：
1、申立人の登録資料
2、申立人代理人への授権委任状
3、取引契約
4、弁護士レター
5、...

申立人／申立代理人（署名及び／又は捺印）
●年●月●日

(3)　証拠の提出

証拠について、仲裁法及びCIETAC仲裁規則（2015年版）は仲裁申立書に明記すると定めているが、仲裁申立書の提出時には全ての証拠の提出は求められず、実務上も非常に難しいと思われる。

仲裁手続は、仲裁機関が仲裁申立書を受領した日から開始する。通常、仲裁手続開始後に、仲裁機関又は仲裁廷は、当事者に一定の期間を与えて、その期間内に全ての証拠を提出させる。CIETAC仲裁規則（2015年版）第41条に基づき、当事者が期限を過ぎて証拠を提出した場合、仲裁廷は受付を拒絶することができる。当事者が挙証期間中に証拠資料を提出することが確かに困難である場合、期間満了前に、挙証期間の延長を申請することができる。延長の可否は仲裁廷が決定する。

3　仲裁費用

仲裁費用について、仲裁法第76条は「当事者は、規定に従い仲裁費用を納付しなければならない。」とのみ規定している。よって、仲裁費用の金額又は計算方法及び納付手続等については、各仲裁機関のルールに委ねられることになる。

(1) 仲裁費用の納付

中国で仲裁を申し立てる場合、予め仲裁費用の全額を納付する必要がある。仲裁費用は、主に仲裁受理費用及び仲裁処理費用の二つの部分に分けられる。その具体的金額や計算方法については、仲裁機関の仲裁規則等を確認する必要がある。

CIETACの仲裁費用は、渉外仲裁、国内仲裁及び金融紛争仲裁の分類により金額が異なる。紛争金額を確定できる渉外仲裁の場合、仲裁の申立にあたって納付する費用は、仲裁受理費用（10,000人民元）及び仲裁処理費用である（仲裁人の報酬を含むが、当事者が代理人弁護士に支払う費用は含まない。CIETACのウェブサイトに金額が掲載されている[1]（例えば、紛争金額が100万人民元以下の場合、仲裁費用は紛争金額の4％とされ、かつ1万人民元を下回らないとされている。)。これに対して、紛争金額を確定できない渉外仲裁の場合（契約の解除や無効の確認を求める場合等）はケースバイケースで仲裁費用が決定される。

また、多くの仲裁機関のウェブサイト上には仲裁費用計算のクイックリンクが掲載されている。係争金額を記入すると、仲裁費用が自動的に計算できる。例えば、CIETACのウェブサイト上のクイックリンク（国

1 http://www.cietac.org.cn/Help/index.asp?php?m=Page&a=index&id=121

内仲裁事件）に10,000,000を記入し計算ボタンをクリックすると、事件受理費63,550、事件処理費58,000、合計121,550が表示される。

なお、CIETACは、上記の費用のほかに、当事者からその他の超過分の合理的な実費（出張旅費、食費及び宿泊費、並びに仲裁廷が招聘した専門家、鑑定人及び通訳等の費用が含まれる）を受け取ることができる点に予め留意されたい。

(2) 仲裁費用の負担

仲裁費用は、敗訴側が負担するのは一般的である。但し、具体的には、適用する仲裁規則を予め確認する必要がある。

CIETAC仲裁規則（2015年版）第52条によれば、「仲裁廷は、仲裁事件の具体的状況に基づき、判断書の中で、敗訴側が勝訴側に補償すべき、事件処理のために支払った合理的な費用を裁定する権限を有する。仲裁廷は、敗訴側が勝訴側に補償する、事件処理のために支払った費用が合理的であるか否かを裁定するとき、事件の判断結果、複雑さの程度、勝訴側当事者及び/又は代理人の実際の作業量並びに事件の係争金額等の要素を具体的に考慮しなければならない。」とされている。

(3) 仲裁費用の返却

仲裁を途中で取り下げる場合、一定の条件を満たすことを前提に、仲裁費用の一部が返却される可能性が高い。この点についても、仲裁機関によって異なり、主管仲裁機関のルールを適用することになる。

CIETAC仲裁費用の返却ルール

<table>
<tr><th colspan="2">仲裁取下げ時期</th><th>国内仲裁</th><th>渉外仲裁</th></tr>
<tr><td colspan="2">仲裁廷組成前</td><td>受理費用：全額返却
処理費用：50%返却</td><td>仲裁費用（事件受理費を除く）の60%返却</td></tr>
<tr><td colspan="2">仲裁廷組成後、開廷前</td><td>受理費用：50%返却
処理費用：50%返却
但し、納付費用は6,100人民元を下回ってはならない。</td><td>仲裁費用の50%返却</td></tr>
<tr><td colspan="2">開廷後</td><td>原則：返却なし
例外：特殊な場合に限って、処理費用の20%以内を返却。</td><td>原則：返却なし
例外：特殊な場合に限って、仲裁費用の20%以内を返却。</td></tr>
<tr><td rowspan="2">CIETACに管轄権がない場合</td><td>開廷審理前に判明</td><td>受理費用：80%返却
処理費用：80%返却</td><td>仲裁費用80%返却</td></tr>
<tr><td>開廷審理後に判明</td><td>事件の進捗状況及び既に発生した業務量による。
受理費用：70%以内を返却
処理費用：70%以内を返却</td><td>事件の進捗状況及び既に発生した業務量による。
仲裁費用の70%以内を返却</td></tr>
</table>

4　仲裁の受理

仲裁機関は、仲裁申立書を受領した日から5日以内に、受理条件に合致するか否かを審査する（仲裁法第24条）。仲裁条件に合致すると認める場合には、これを受理し、かつ当事者に通知しなければならない。一方、受理条件に合致しないと認める場合には、当事者に受理しない旨を書面で通知し、かつその理由を説明しなければならない。また、仲裁機関は、仲裁申立を受理した後、仲裁規則に定める期間内に仲裁規則及び仲裁人名簿を申立人に送達し、かつ仲裁申立書の副本並びに仲裁規則及び仲裁人名簿を被申立人に送達しなければならない（仲裁法第25条1項）。

仲裁の受理について、CIETAC仲裁規則（2015年版）第13条にはより細かい規定が設けられている。同条に基づくと、CIETAC仲裁院は、申立人の仲裁申立書及びその付属文書を受領した後、審査を経て、仲裁申立の手続に不備がないと認める場合、仲裁通知、CIETAC仲裁規則及び仲裁人名簿各1部を双方当事者に送付しなければならない。申立人の仲裁申立書及びその付属文書は、同時に被申立人にも送付しなければならない。また、CIETAC仲裁院は、審査を経て、仲裁申立の手続に不備があると認める場合、申立人に一定の期限内に不備をなくすよう要求することができる。申立人が定めた期限内に仲裁申立手続の不備をなくすことができないときは、申立人が仲裁申立をしていないものとみなすことになる。

5　仲裁申立に対する答弁

(1) 答弁書の提出

仲裁法第25条2項に基づき、被申立人は、仲裁申立書の副本を受領した後、仲裁規則に定める期間内に答弁書を仲裁委員会に提出しなければならない。但し、答弁書の提出は必須ではなく、被申立人が答弁書を提出しない場合も、仲裁手続の進行に影響を及ぼさない。

CIETAC仲裁規則（2015年版）第15条1項に基づき、被申立人は、仲裁通知を受領した後45日以内に、答弁書を提出しなければならない。被申立人に確かに正当な理由があり答弁提出期限の延長を求めた場合、仲裁廷が答弁期限を延長するか否かを決定する。なお、仲裁廷がまだ構成されていないときは、CIETAC仲裁院が決定する。また、同条3項に基づくと、仲裁廷は、期限を過ぎて提出された答弁書を受付けるか否かを決定する権限を有する。

(2) 答弁書

CIETAC仲裁規則（2015年版）第15条2項に基づき、答弁書は、被申立人又は被申立人が授権した代理人が署名及び／又は押印し、かつ次に掲げる内容及び付属文書を含めなければならない。

① 被申立人の名称及び住所。郵便番号、電話、ファクシミリ、電子メールアドレス又はその他の電子通信方式を含む。

② 仲裁申立書に対する答弁並びにその根拠となる事実及び理由

③ 答弁の根拠となる証拠資料及びその他の証明文書

上記**5**（**1**）にある通り、答弁書の提出は必須ではないが、実務上、仲裁手続をスムーズに、効率よく進めるために、所定の期限内に仲裁規則に基づく答弁書を提出することが望まれる。

答弁書サンプル：

答弁書

●●仲裁委員会　御中

被申立人（答弁人）：【社名／氏名】
　住所：　　　郵便番号：　　　電子メール：
　電話番号：　　　ファックス：
　代表者、役職：

被申立人代理人：
　住所：　　　郵便番号：　　　電子メール：
　電話番号：　　　ファックス：

申立人：【社名／氏名】
　身分証明書番号：【中国籍個人の場合】
　住所：　　　郵便番号：　　　電子メール：
　電話番号：　　　ファックス：

貴仲裁委員会の第●号事件につき、申立人が●年●月●日に申し立てた仲裁に対して、以下の通り答弁する。

1　被申立人は申立人に対して●元を支払う義務はない。
【理由及び根拠。】

2　申立人の違約金に関する主張を裏付ける根拠がない。
【理由及び根拠。】

3　被申立人の主張等。
【申立人の請求を全て棄却する。】
【仲裁人の報酬、仲裁人経費、代理人その他の専門家の報酬及び経費、その他仲裁手続のために要した費用はすべて申立人の負担とする。】

証拠リスト：
1、被申立人代理人への授権委任状
2、申立人の弁護士レターに対する回答
3、...

被申立人／被申立人代理人（署名及び／又は捺印）
●年●月●日

6　仲裁申立の取下げ

仲裁機関が仲裁申立を受理し、仲裁判断を下す前に、申立人は、仲裁申立を取り下げることが可能である。実務上、当事者間の和解による仲裁申立の取下げもあるし、仲裁申立の取下げに関するみなし規定の適用による仲裁申立の取下げもある。

和解による仲裁申立の取下げについて、仲裁法第49条は、「当事者は、仲裁を申し立てた後、自ら和解することができる。和解の合意に達した場合には、和解合意に基づき判断書を作成することを仲裁廷に求めることができ、仲裁申立を取り下げることもできる。」と定めている。なお、

CIETAC仲裁規則（2015年版）第47条10項に基づき、当事者が仲裁手続を開始する前に自ら又は調停を経て和解合意を成立させた場合、CIETACによる仲裁における仲裁合意及びその和解合意に基づき、CIETACに対して仲裁廷を構成し、和解合意の内容により仲裁判断を出すよう求めることができる。

一方、仲裁申立の取下げに関するみなし規定について、仲裁法第42条1項は、「申立人が書面による通知を受け、正当な理由なくして開廷審理に出席しない、又は仲裁廷の許可なくして途中退席した場合には、仲裁申立を取り下げたものとみなすことができる。」と定めている。また、CIETAC仲裁規則（2015年版）第46条に基づき、当事者自身の原因により仲裁手続が進まなくなる場合には、仲裁申立を取り下げたものとみなすことができる。

7　反対請求

仲裁法第27条に基づき、被申立人は、仲裁の請求を認諾し、又は反論することができ、反対請求をする権利も有する。但し、被申立人による反対請求について、仲裁法には具体的な規定はない。

仲裁における反対請求については、民事訴訟法上の反訴に関する規定が参考になると思われる。具体的には、民事訴訟法司法解釈第233条2項は、「反訴と本訴の訴訟上の請求が同一の法律関係に基づいている場合、訴訟上の請求の間に因果関係がある場合、又は反訴と本訴の訴訟上の請求が同一の事実に基づいている場合、人民法院は併合審理しなければならない。」と定めている。仲裁における反対請求をする場合は、申立と反対請求の請求が同一の法律関係に基づいていること、仲裁における請求の間に因果関係があること、又は反対請求と申立の仲裁上の請求が同一の事実に基づいていることが求められる可能性が高い。

また、反対請求の手続については、主管仲裁機関の仲裁規則を確認する必要がある。例えば、CIETAC仲裁規則（2015年版）第16条には、次に掲げる詳細な規定が設けられている。

① 被申立人は、反対請求がある場合、仲裁通知を受領した後45日以内に、書面形式で提出しなければならない。被申立人に確かに正当な理由があり反対請求提出期限の延長を求めた場合、仲裁廷が反対請求期限を延長するか否かを決定する。仲裁廷がまだ構成されていないときは、CIETAC仲裁院が決定する。

② 被申立人が反対請求を提起するときは、その反対請求の申立書に具体的な反対請求事項並びにその根拠となる事実及び理由を明記し、かつ関係する証拠資料及びその他の証明文書を添付しなければならない。

③ 被申立人が反対請求を提起するときは、CIETACが定めた仲裁費用表に従って、定められた期間内に仲裁費を予納しなければならない。被申立人が期限どおりに反対請求の仲裁費を納付しないときは、反対請求の申立をしていないものとみなす。

④ CIETAC仲裁院は、被申立人の反対請求提起の手続に不備がないと認める場合、双方当事者に反対請求受理通知を送付しなければならない。申立人は、反対請求受理通知を受領した後30日以内に、被申立人の反対請求に対して答弁を提出しなければならない。申立人に確かに正当な理由があり答弁提出期限の延長を求めた場合、仲裁廷が答弁期限を延長するか否かを決定する。仲裁廷がまだ構成されていないときは、CIETAC仲裁院が決定する。

⑤ 仲裁廷は、期限を過ぎて提出された反対請求及び反対請求の答弁書を受付けるか否かを決定する権限を有する。

⑥ 申立人が被申立人の反対請求に対して書面による答弁を提起しないことは、仲裁手続の進行に影響しない。

8　審理

(1) 非公開・開廷審理の原則

仲裁は、原則として、非公開で、開廷審理を行うものとされている。但し、当事者が公開する旨及び／又は開廷審理を行わない旨を合意した場合には、当事者間の合意が尊重される場合がある（仲裁法第39条及び第40条）。なお、CIETAC仲裁規則（2015年版）第60条に基づき、仲裁廷は、その適切と認める方式に基づき事件を審理することができ、当事者の意見を求めた上で当事者が提出した書面資料及び証拠のみによって書面審理をする旨を決定することができる。

仲裁機関は、仲裁規則に定める期間内に開廷審理の期日を両当事者に通知する。当事者は、正当な理由がある場合には、仲裁規則に定める期間内に開廷審理の延期を申し立てることができる。但し、延期するか否かを決定するのは、仲裁廷である（仲裁法第41条）。上記**6**で述べた通り、申立人が書面による通知を受けたにもかかわらず、正当な理由なく開廷審理に出席せず、又は仲裁廷の許可なく途中退席した場合には、仲裁申立を取り下げたものとみなすことができる。一方、被申立人が書面による通知を受けたにもかかわらず、正当な理由なく開廷審理に出席せず、又は仲裁廷の許可なく途中退席した場合には、欠席判断を下すことができる（仲裁法第42条2項）。

(2) 開廷の流れ

開廷の流れについて、通常、仲裁規則に一応の規定がある。例えば、CIETAC仲裁規則（2015年版）第35条は、以下の通り定めている。

① 当事者に別段の約定がある場合を除き、仲裁廷はその適切と認める方式に従い事件を審理することができる。いかなる状況においても、仲裁廷はいずれも公平及び公正に事を進め、双方当事者に陳述及び弁論の合理的機会を与えなければならない。

② 仲裁廷は事件を開廷審理しなければならない。但し、双方当事者が約定し、かつ仲裁廷が承認した場合、又は仲裁廷が開廷審理の必要がないと認め、かつ双方当事者の同意を得た場合、書面文書のみによって審理を行うことができる。

③ 当事者に別段の約定がある場合を除き、仲裁廷は事件の具体的状況に基づき、質問式又は弁論式の仲裁廷審理方式を採用して事件を審理することができる。

④ 仲裁廷は、その適切と認める地点においてその適切と認める方式で合議を行うことができる。

⑤ 当事者に別段の約定がある場合を除き、仲裁廷は必要と認める場合に審理を行う事件について手続命令を出し、質問状を出し、審理範囲書を作成し、開廷前会議を開催すること等ができる。仲裁廷のその他の構成員の授権を経て、首席仲裁人は単独で仲裁事件の手続の手配について決定を出すことができる。

実務上、仲裁手続の具体的な流れは、仲裁廷の判断や好みに委ねられることになる。一般的に、下表のような流れとなる。

仲裁開廷の流れ

順番	手続	内容
①	開廷宣告	✓ 当事者及びその代理人の確認 ✓ 仲裁廷の紹介 ✓ 仲裁人の忌避申請や仲裁の管轄異議の有無の確認
②	当事者陳述	✓ 仲裁申立、反対請求及び答弁意見の説明
③	立証・証拠検証	✓ 証拠の提示 ✓ 相手側による検証
④	仲裁廷による確認	✓ 仲裁廷による一方又は双方当事者に対する質問 ✓ 当事者による回答
⑤	論点整理	✓ 仲裁廷は当事者の主張や立証等に基づく事件の論点整理
⑥	弁論	✓ 仲裁廷よりまとめられた論点について、当事者双方がそれぞれの意見を述べ、議論する

⑦	調停	✓ 弁論終了後、仲裁廷は通常当事者の和解の意思の有無を確認する
⑧	当事者による最終陳述	✓ 開廷終了前に、仲裁廷は通常双方当事者に最終的な意見陳述の時間を与える
⑨	議事録の作成	✓ 仲裁廷は開廷議事録を作成する。 ✓ 当事者及びその他の仲裁参加者は、自らの陳述の記録に遺漏又は誤りがあると認める場合には、補正を申し立てる権利を有する。

9 仲裁判断

仲裁判断は、多数の仲裁人の意見に従って下される。仲裁廷が多数意見を形成することができない場合には、判断は、首席仲裁人の意見に従って下されることになる（仲裁法第53条）。なお、少数の仲裁人の異なる意見は、記録に記入することができる。仲裁判断書は、下された日から法律上の効力を生じる（仲裁法第57条）。

(1) 仲裁判断書

仲裁判断書には、通常、仲裁の請求、紛争の事実、判断の理由、判断の結果、仲裁費用の負担及び判断の日付が明記される（仲裁法第54条）。但し、当事者が紛争の事実及び判断の理由を明記しない旨を合意している場合には、明記しないこともできる。

仲裁判断書には、仲裁人が署名し、仲裁委員会の印を押捺する。なお、仲裁判断について異なる意見を有する仲裁人は、署名することも、署名しないこともできる。

なお、仲裁判断書の文字もしくは計算の誤り、又は仲裁廷が判断を下したにもかかわらず仲裁判断書において遺漏している事項については、仲裁廷は、補正しなければならない。仲裁法第56条に基づき、当事者は、仲裁判断書を受領した日から30日以内に、仲裁廷に補正を求めることができる。仲裁廷による補正の手続について、多くの仲裁機関の仲裁規則は具体的な規定を定めている。

(2) 和解及び調停

当事者は、仲裁を申し立てた後、自ら和解することができる。和解の合意に達した場合には、和解合意に基づき仲裁判断書を作成することを仲裁廷に求めることができるし、仲裁申立を取り下げることもできる（仲裁法第49条）。なお、当事者が和解の合意に達し、仲裁の申立を取り下げた後でその意思を翻した場合には、仲裁合意に基づき再度仲裁を申し立てることができる（仲裁法第50条）。

また、仲裁廷は、仲裁判断を下す前に調停を行うこともできる。特に当事者が調停を望む場合には、仲裁廷は、調停を行わなければならない。調停により合意に達した場合には、仲裁廷は、調停書を作成し、又は合意の結果に基づき仲裁判断書を作成することになる。また、調停書には、仲裁の請求及び当事者の合意の結果を明記しなければならない（仲裁法第52条）。調停の詳細について、後述**第14章仲裁における調停**を参照されたい。

(3) 仲裁判断の期限

仲裁法には、仲裁廷が仲裁判断を下すべき期限についての規定はない。実務上、適用される仲裁規則に従うことになる。

CIETAC仲裁規則（2015年版）に基づくと、渉外仲裁の場合は、仲裁廷は、構成後6か月以内に仲裁判断書を出さなければならない（第48条1項）。国内仲裁の場合は、仲裁廷は、構成後4か月以内に仲裁判断書を出さなければならない（第71条1項）。更に、簡易手続の場合は、仲裁廷は、構成後3か月以内に仲裁判断書を出さなければならない（第62条1項）。

(4) 中間判断・部分判断

国際仲裁では、仲裁判断は、最終判断（final award）のほかに、中間判断（interim award）及び部分判断（partial award）といった用語が用いられることがある。例えば、SIAC仲裁規則及びHKIAC仲裁規則には関連規定がある。

これらの分類について、中国の仲裁法には明確な規定はない。但し、仲裁法第55条には、仲裁廷が紛争を仲裁する場合において、その中の事実の一部が既に明白であるときは、当該部分について先行して判断を下すことができるという規定がある。ここでいう「先行して判断を下す」には、中間判断及び部分判断が含まれると解されている。

しかしながら、特に中間判断について、ほとんどの仲裁機関の仲裁規則には関連規定がないため、実務上、機能していない。これに対して、部分判断について、例えば、CIETAC仲裁規則（2015年版）第50条1項は、「仲裁廷が必要と認め、又は当事者が請求を提出しかつ仲裁廷の承認を経た場合、仲裁廷は最終判断を出す前に、当事者の何らかの請求事項につき先に一部判断を出すことができる。一部判断は終局的であり、双方当事者に対して等しく拘束力を有する。」と定めている。実務上、特に係争金額が大きく、複雑な事件において、一部の請求に関する仲裁判断が先に下されることが稀にある。

(5) 仲裁判断の送達

仲裁判断の送達について、仲裁法には明確な規定はない。適用される仲裁規則に従うことになるが、実務上、手渡し送達又は郵送送達がほとんどである。

CIETAC仲裁規則（2015年版）第8条3項によれば、一方当事者又はその仲裁代理人に送付する仲裁文書は、受取人に手渡した場合、もしくは受取人の営業地、登録地、住所地、居所もしくは通信住所に配達した場合、又は相手方当事者の合理的な調査を経ても上記のいずれの地点も探し出すことができず、CIETAC仲裁院が書留郵便、速達、もしくは配達記録を提供できる公証送達、委託送達及び差置送達を含むその他何らかの手段により、受取人の最後の知れたる営業地、登録地、住所地、居所もしくは通信住所に配達した場合に、有効な送達とみなすとされている。

10　仲裁における秘密保持

仲裁における秘密保持（秘密性）は、仲裁と訴訟を比較した場合、仲裁のメリットの一つとして挙げられる。特にライセンス契約等の技術ノウハウに係る紛争解決について、関連技術情報の公開を防ぐために、仲裁を選択することは多い。

中国の仲裁法、民事訴訟法及び当該法律の関連司法解釈には、仲裁における秘密保持に関する具体的な規定はない。仲裁法第40条のみ、「仲裁は、非公開で行う。当事者が公開する旨を合意した場合には、公開して行うことができるものとする。但し、国家秘密に関わる場合についてはこの限りではない。」と定めている。

また、仲裁機関の仲裁規則では、上記仲裁法第40条と同じ旨の規定を設けている場合がほとんどである。CIETAC仲裁規則（2015年版）第38条は、さらに具体的に、「仲裁廷による事件の審理は、非公開で行う。双方当事者が審理の公開を要求した場合、仲裁廷が審理を公開するか否かを決定する（1項）。非公開審理の事件において、双方当事者及びその仲裁代理人、仲裁人、証人、通訳、仲裁廷が諮問する専門家及び指名する鑑定人、並びにその他の関係者は、いずれも外部に対し事件の実体及び手続の関連状況を漏洩してはならない（2項）。」を定めている。

仲裁手続における秘密保持について、その実行可能性を高めるために、秘密保持の適用対象者、秘密保持の範囲等をより具体的な規定を設けることが期待される。但し、目下、中国では、仲裁における秘密保持に関する紛争事件が非常に少ないため、関連立法の動きは見られない。実務上、秘密保持が特に重要である契約の場合は、その仲裁合意において、ケースバイケースで、秘密保持に関する特別な規定を設けることが考えられる。

CIETAC：事件審理プロセス[2]

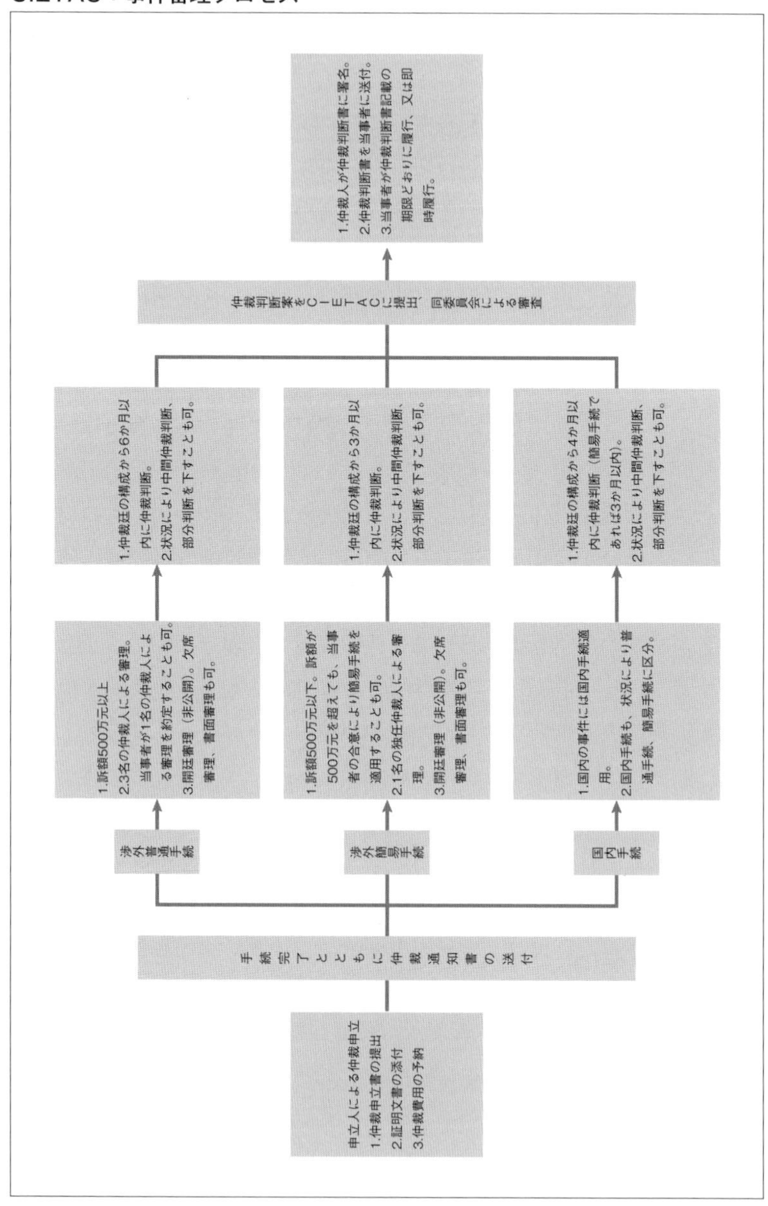

[2] http://www.cietac.org.cn/index.php?m=Article&a=show&id=262

第11章
オンライン仲裁

近年、中国では、インターネットの普及及び政府の推進に伴い、インターネットを利用した新しいビジネスが次々と生まれている。特に、電子商取引の急遽な発展に連れて、大量の少額紛争事件が発生している。オンライン仲裁は、このような背景の下で誕生した、インターネットを通じて当事者間の紛争を解決する仲裁サービスである。

オンライン仲裁の場合、仲裁の申立、受理、審理、判断、送達等の主な手続がインターネットを経由して行われる。このため、通常の仲裁手続と比べ、効率の向上や費用の削減等のメリットがある。しかし、中国では、現在、オンライン仲裁に関する法律上の根拠がなく、オンライン仲裁の手続について、各仲裁機関は、仲裁法を含む関連法律を踏まえ、各自のオンライン仲裁規則を設定している。

なお、2020年12月23日に公布された「最高人民法院による商事仲裁司法審査年度報告（2019年）」によれば、2019年、全国31か所の仲裁機関がオンライン方式で約20万件を処理し、全国仲裁事件総数の42.21％を占めているとのことである。新型コロナウイルスの影響を受けて、2020年のオンライン仲裁の事件数は更に増えていると推測される。

1　オンライン仲裁の発展

2000年12月に、中国初のODR（Online Dispute Resolution）機構として、CIETACドメイン紛争解決センターが設立され、主にドメインに関する紛争解決を取り扱っている。

2009年4月29日、CIETACは、「CIETACオンライン仲裁規則」を公布し、同年5月1日から主に電子商取引紛争を解決するオンライン仲裁サービスを提供すると発表した。2015年3月に、中国初のオンライン仲裁プラットフォームが広州仲裁委員会によって広州で設立された。その後、武漢仲裁委員会、深圳仲裁委員会を含む各仲裁委機関は、相次いでオンライン仲裁サービスを提供し始めた。

2015年9月に、中国ネットワーク仲裁連盟が広州に成立した。当該連盟は、160以上のメンバーを有し、仲裁機関間の協力やオンライン仲裁規則の統一を目指している[1]。

また、現在、易宝全（www.ebaoquan.org）等の電子データ保全プラットフォームが、仲裁機関と提携することにより、証拠の保存、仲裁手続、仲裁判断の執行を一つのシステムで行うワンストップサービスを提供することを試みている。

2　適用範囲

中国の現行法上、オンライン仲裁の適用範囲に関する明確な根拠規定はなく、実務上、仲裁機関の仲裁規則に委ねられている。仲裁機関やそのオンライン仲裁規則によっては、オンライン仲裁の適用範囲について、異なる規定が設けられている可能性がある。

CIETACオンライン仲裁規則（2015年版）第1条によれば、同規則は電子商取引に関する紛争に適用されるが、当事者間の約定に従いその他経済や貿易に関する紛争にも適用される。その第3条によれば、「仲裁委員

[1] https://www.gzac.org/jj1/36562.jhtml
http://ftz.gd.gov.cn/rdgz215/content/post_2208314.html#zhuyao

会が受理した事件について、当事者が本規則を適用すると約定した場合、本規則を適用する。当事者が本規則を適用すると約定していない場合、『CIETAC仲裁規則』又は当事者が約定したその他の規則を適用する。」とされている。

一方、広州仲裁委員会オンライン仲裁規則第4条4項によれば、インターネット取引から生じた紛争及びインターネット取引と関係ない紛争のいずれについても同仲裁規則に従い仲裁を行うことが可能である。その第4条3項は、当事者が紛争を同委員会においてオンライン仲裁により解決すると約定した場合、同規則に従って仲裁を行うことに同意したとみなす旨を定めている。

3　仲裁合意

オンライン仲裁を行う旨の仲裁合意の形式については、通常の仲裁と同様に、書面の形式をとらなければならない。CIETACオンライン仲裁規則（2015年版）第6条2項によれば、「書面の形式には、契約書、書簡、電報、テレックス、ファクシミリ、電子データ交換及び電子メール等内容を有形的に表現できる形式が含まれている。」とされている。これに対して、広州仲裁委員会オンライン仲裁規則第5条は、より細かい規定を定めている。同条によれば、オンライン仲裁合意には、①当事者が紙媒体又は電子契約書に定めた仲裁条項、②当事者が紛争の発生前又は発生後に達した紙媒体又は電子仲裁合意、③当事者がウェブサイトのサービス規約に同意した形で達した電子仲裁条項が含まれるが、これらに限定されない。

なお、CIETACの公式サイトでは、以下のようなオンライン仲裁に関する仲裁条項をモデル条項として、公表されている。

中国語原文：
凡当事人之间因本合同所发生的或者与其有关的任何争议，均应当提交中国国际经济贸易仲裁委员会，按照申请仲裁时该会现行有效的网上仲裁规则进行仲裁。仲裁裁决是终局的，对双方均有约束力。

英語訳：
Any dispute arising from or in connection with this Contract shall be submitted to the China International Economic and Trade Arbitration Commission for arbitration which shall be conducted in accordance with the Commission's online arbitration rules in effect at the time of applying for arbitration. The arbitral award is final and binding upon both parties.

日本語訳：
本契約から又は本契約に関連して当事者間に発生したすべての紛争は、中国国際経済貿易仲裁委員会において、仲裁申し立てが行われた時点で同委員会の現行有効なオンライン仲裁規則に従って仲裁に付するものとする。仲裁判断は終局的なものであり、仲裁当事者を均しく拘束する。

4　オンライン仲裁の流れ

オンライン仲裁の基本的な流れとして、①仲裁の申立、②仲裁の受理、③仲裁廷の組成、④申立に対する答弁、⑤審理、⑥仲裁判断、⑦執行があり、通常の仲裁とほとんど変わらない。しかし、CIETACオンライン仲裁規則（2015年版）第10条によれば、オンライン仲裁の場合、CIETAC仲裁院からの文書、通知、材料の送付及び当事者が提出する仲裁申立、答弁、書面の陳述、証拠とその他の関連書類は、原則として、いずれも電子メール、電子データ交換、ファクシミリ等の方法で行われる。なお、事件の具体的な状況に応じて、例外として、郵送や速達等の方法で行われることもある。

(1) 仲裁の申立

1）申請書類

オンライン仲裁の場合は、申立人はまず仲裁機関のオンライン仲裁システムに登録し、アカウントを作った上で、オンライン仲裁システムにログインして申請書類を提出する。

CIETACオンライン仲裁規則（2015年版）第18条によれば、仲裁申立の際に次に掲げる書類を提出する必要がある。

① CIETACが設定し、かつCIETACオンライン紛争解決センターのウェブサイト上で公布した「仲裁申立書フォーマット」及び「仲裁申立書提出ガイドライン」の要求に従って作成され、かつ申立人及び/又は申立人の授権を受けた代理人の署名及び/又は押印した仲裁申立書。

② 申立人の申立が根拠とした事実の証明書類。

また、CIETACの「仲裁申立書提出ガイドライン」によれば、申立人又はその仲裁代理人が仲裁申立書を提出すると同時に、オンライン仲裁システムを通じて代理人の委任状の提出、財産保全と証拠保全の申立、及び仲裁人の選定を行うこともできる。

2）仲裁申立書

CIETACオンライン仲裁規則（2015年版）第18条によれば、仲裁申立書には、次の各号に掲げる事項を明記しなければならない。

① 申立人及び被申立人の氏名、住所及びその連絡先（郵便番号、電話番号、ファクシミリ番号、電子メールアドレス又はその他の電子通信方式を含む）

② 申立人が最優先とする連絡先

③ 仲裁申立が根拠となる仲裁合意

④ 仲裁の請求

⑤ 事件の内容及び争点

⑥ 仲裁申立が根拠となる事実及び理由

3）証拠の提出

CIETACオンライン仲裁規則（2015年版）第30条に基づき、当事者が挙証期限を約定した場合、又は仲裁廷が挙証期限を確定した場合、当事者は定められた期限内に仲裁廷に証拠資料を提出しなければならない。当事者に別途約定があり、又は仲裁廷が別途決定した場合を除き、当事者が挙証期限を過ぎて提出した書面の陳述と証拠資料について、仲裁廷は受付を拒絶する権利を有する。仲裁廷は、当事者に対し、事件の関連問題について更なる説明及び関連証拠資料の提出を求める権利を有する。

証拠の形式について、CIETACオンライン仲裁規則（2015年版）第29条によれば、電子・光学・磁気又はそれらに類似する手段で形成・発送・受領又は保存する電子証拠が認められる。また、「仲裁申立書提出ガイドライン」に基づき、電子証拠については直接提出することができるが、それ以外の証拠についてはスキャンした上で提出しなければならない。また、提出した証拠はいずれもTIFF形式でなければならず、それ以外の形式の証拠については、オンライン仲裁システムにおいてTIFFに変換した上で提出することが求められる。

4）電子印鑑と電子署名

CIETACの「仲裁申立書提出ガイドライン」によれば、仲裁申立、財産保全、最後の陳述等申立人又はその仲裁代理人の名義で提出するすべての仲裁書類には、申立人又はその仲裁代理人が電子印鑑又は電子署名を行わなければならない。そのためには、申立人又はその仲裁代理人が、仲裁の申立前に又は申立の際に印鑑又は署名の画像をオンライン仲裁システムにアップロードし、CIETAC秘書局に発送する必要がある。CIETACの確認を経た上で、申立人又はその仲裁代理人が提出予定の書類に電子印鑑又は電子署名を行うことができるようになる。申立人又はその仲裁代理人が事件の手続において印鑑又は署名を変更した場合、新しい印鑑又は署名を再度CIETAC秘書局に発送しなければならない。

(2) 仲裁の受理

仲裁院が仲裁申立書を受領した後5日に審査を行い、受理の条件を満たしている場合、受理した上で書面にて当事者に通知する（CIETACオンライン仲裁規則（2015年版）第19条）。その通知には、オンライン仲裁規則、仲裁委員会仲裁規則及び仲裁委員会の仲裁人名簿をオンラインにて調査・閲覧可能なウェブサイト・ウェブページを記載しなければならないが、事件の具体的な状況に応じてそれらを通知に添付することもできる

（CIETACオンライン仲裁規則（2015年版）第20条）。

(3) 仲裁廷の構成

仲裁廷の人数については、通常、当事者の合意によって決められるが、そうでない場合もある。例えば、CIETACオンライン仲裁規則（2015年版）第24条によれば、仲裁廷は1名又は3名の仲裁人により構成され、当事者が別途合意した場合又は本規則に別途規定がある場合を除き、仲裁廷は3名の仲裁人により構成される。それに対し、広州仲裁委員会オンライン仲裁規則第23条によれば、仲裁廷の人数は事件の係争金額によって決められ、50万元を超えない事件は1名、それを超える事件は3名の仲裁人により構成される。ただし、50万元を超える事件であっても、当事者双方の書面による同意を経て、1名の仲裁人により構成されることもある。

(4) 仲裁申立に対する答弁

1）答弁書の提出

CIETACオンライン仲裁規則（2015年版）第21条1項に基づき、当事者に別途約定がある場合を除き、被申立人は仲裁通知を受領した後30日以内に、仲裁委員会が設定し、かつ仲裁委員会オンライン紛争解決センターのウェブサイト上で公布した「仲裁答弁書フォーマット」及び「仲裁答弁書提出ガイドライン」の要求に従い、答弁書及び関連証拠を提出しなければならない。

2）答弁書

CIETACオンライン仲裁規則（2015年版）第21条1項に基づき、答弁書には被申立人及び／又は被申立人の授権を受けた代理人が署名及び／又は押印し、かつ次に掲げる内容及び付属文書が含まれなければならない。

① 被申立人及び被申立人の氏名、住所及びその連絡先（郵便番号、電話番号、ファクシミリ番号、電子メールアドレス又はその他の電子通信方式を含む）

② 被申立人が最優先とする連絡先

③　申立人の仲裁申立に対する答弁並びに根拠となる事実及び理由
④　答弁の根拠となる証拠文書

(5) 審理

通常の仲裁と同様に、オンライン仲裁の審理にも書面審理と開廷審理の二つの形式が存在する。但し、開廷審理を原則とする通常の仲裁（仲裁法第39条）と異なり、オンライン仲裁は主に書面審理によって行われる（CIETACオンライン仲裁規則（2015年版）第32条、広州仲裁委員会オンライン仲裁規則第24条1項）。また、仲裁廷は、事件の具体的な状況に応じて、手続指令の発布、質問リストの発送及び審理範囲書の作成等の措置を取ることにより、仲裁手続を速く、効率よく進めることができる（CIETACオンライン仲裁規則（2015年版）第28条2項）。

書面審理の場合、仲裁廷は当事者が提出した書面資料と証拠のみに基づき審理するが、手続上の保障として、オンライン仲裁システムを通じて当事者双方に弁論の機会を与える。例えば、当事者が弁論期間中の任意の時間にシステムにログインして意見を提出することができ、仲裁人も定められた期間内に当事者の弁論状況を調べ、電子証拠に基づき判断を下すことができる。

開廷審理の場合、仲裁廷は、オンラインビデオ会議及びその他電子又は計算機通信の形式で行われるオンライン開廷を採用しなければならないが、事件の具体的な状況に応じて現場での開廷を採用することもできる（CIETACオンライン仲裁規則（2015年版）第33条）。

なお、証人による証言や調停については、いずれもオンラインビデオ会議により行うことができる（CIETACオンライン仲裁規則（2015年版）第36条及び第37条）。

(6) 仲裁判断

1) 仲裁判断書の作成

弁論終結後に、仲裁廷は証拠と弁論の状況に基づき仲裁判断を下す。

CIETACオンライン仲裁規則（2015年版）第38条によれば、当事者に別途約定がある場合を除き、仲裁廷は構成日から4か月以内に仲裁判断を下さなければならず、仲裁廷の要求に基づき、仲裁委員会主任が確かに必要であり、かつ確かに正当な理由があると認めた場合、当該期限を延長することができる。

取引が簡単であり、かつ証拠が明確な事件については、仲裁機関によっては、自動的に仲裁判断を作成するシステムを持っているところがある。そうでない場合、仲裁人が仲裁規則に基づき仲裁判断を下すことになる。仲裁判断は書面により作成しなければならない。仲裁判断書には、作成日付及び仲裁地を明記し、仲裁人が署名し、仲裁委員会が押印する必要がある（CIETACオンライン仲裁規則（2015年版）第39条）。

2）仲裁判断の送達

民事訴訟法第87条は、「被送達者の同意を経て、人民法院は、ファックスや電子メール等の受領確認可能の方式にて訴訟文書を送達することが可能であるが、判決書、裁定書及び調停書を除く。」と定めている。実務上、一部の人民法院は、当該規定を根拠として、インターネットを通じての仲裁判断書の送達に対してネガティブな態度を示している。但し、オンライン仲裁の利用拡大に伴い、多くの人民法院は、オンライン仲裁の仲裁判断書の送達方法について、仲裁規則に従ってよいと判断している。

ほとんどの仲裁機関のオンライン仲裁規則には、オンライン仲裁の場合、仲裁判断書は電子メール、ショートメッセージ等の電子送達方法により当事者に送られ、当事者の電子メールや携帯番号･Wechatアカウント等に届いた時点で送達されたとみなす旨の規定がある。なお、当事者は紙媒体の仲裁判断書を求める場合は、仲裁委員会に申請する必要がある。

(7) 執行

通常の仲裁と同様に、オンライン仲裁の場合であっても、執行については、有効な仲裁判断書をもって主管人民法院に申請しなければならない。但し、一部仲裁機関のオンライン仲裁プラットフォームは、執行等のサービスを提供するウェブサイトを運営する企業（例えば、https://www.ebaoquan.org）と連携しており、当該ウェブサイト上に登録されている現地弁護士による執行の代理を実現することができる。弁護士の協力のもとで、執行がよりスムーズに行われるようになれる。

第12章
仲裁判断に対する司法審査

裁判と比較した場合の仲裁のメリットとして、一審制及び終局制がよく挙げられる。仲裁法第9条によれば、「仲裁は、一審制とする。判断が下された後、当事者が同一の紛争について仲裁を再度申し立て、又は人民法院に訴訟を提起した場合には、仲裁委員会又は人民法院は、これを受理しない。」とされている。

但し、仲裁判断の公正性及びプロセスの合法性を確保するために、中国の仲裁法及び民事訴訟法等は、仲裁判断に対する司法審査制度を設けている。即ち、当事者は、法定の事由が存在することを証明できる場合には、人民法院に対して仲裁判断の取消及び執行の拒否を申請することが可能である。

仲裁判断に対する司法審査は、過去に仲裁法、民事訴訟法及び当該法律の司法解釈に分散していた。2017年12月26日、最高人民法院は、「仲裁司法審査事件の確認申請問題に関する規定」（以下「確認申請規定」という）及び「仲裁司法審査事件の審査に関する若干問題についての規定」（以下「審理規定」という）という二つの司法解釈を公布し、仲裁司法審査事件の適用範囲、管轄、司法審査申請の手続、仲裁合意効力を判断する際に適用する法律等、審査における重要な事項について整理し、統一的に規定した。

なお、最高人民法院は、2020年12月23日に「最高人民法院による商事仲裁司法審査年度報告（2019年）」を発表し、2019年における仲裁司法審査事件の特徴として、①仲裁司法審査事件の件数が増加する傾向にあること、②仲裁判断の低取消率と仲裁保全事件の高支持率は、司法が仲裁を支持する立場を示してい

ること、③確認申請制度には仲裁判断の基準を統一させる効果が明らかにあること、④国際商事仲裁を支持し、地域間の司法協力を強化していること、⑤仲裁司法審査事件には新しい状況・問題（例えば、ビットコインに関する仲裁事件、独禁法違反の仲裁可能性等）が際立つことをまとめた。

1　司法審査の基準

仲裁判断に対する司法審査の基準は、以下の通り、国内仲裁及び渉外仲裁によって異なる。

(1) 国内仲裁

国内仲裁の仲裁判断に対する司法審査の基準は、主に仲裁法第58条、民事訴訟法第237条2項及び3項、「人民法院による仲裁判断執行事件の処理に関する若干問題についての規定」[1]（以下「仲裁判断執行規定」という）第13条～第16条並びに「審理規定」第18条に定められている。そのうち、仲裁法第58条と民事訴訟法第237条2項とは概ね同じであり、仲裁判断執行規定は、人民法院の実務経験を踏まえて、民事訴訟法第237条2項における関連事由を具体化した。

具体的には、下表のとおりである。

仲裁法第58条	民事訴訟法第237条2項及び3項	仲裁判断執行規定第13条～第16条、審理規定第18条
当事者は、証拠を提出して仲裁判断が次の各号に掲げる事由のいずれかに該当することを証明した場合には、仲裁委員会の所在地の中級人民法院に仲裁判断	被申立人が証拠を提出し、仲裁判断が次に掲げる事由のいずれかに該当することを証明したものについては、人民法院は、合議廷を構成し、審査確認したうえ、執行を行わない旨の裁定をする。	「判断された事項が仲裁合意の範囲に属さず、又は仲裁機関に仲裁する権限がないこと」には、次に掲げる事項が含まれる。 ①仲裁判断の事項が仲裁合意の約定の範囲を超えた場合 ②仲裁判断の事項が、法律規定又は当事者の選択した仲裁規則の規定によれば仲裁することができない事項に属する場合 ③仲裁判断の内容が当事者の仲裁申立の範囲を超えた場合

[1] 法釈［2018］5号、最高人民法院2018年2月22日公布、2018年3月1日施行

の取消を申し立てることができる。 ①仲裁合意がないこと ②判断された事項が仲裁合意の範囲に属さず、又は仲裁委員会に仲裁する権限がないこと ③仲裁廷の構成又は仲裁手続が法定手続に違反していたこと ④判断の根拠とされた証拠が偽造されたものであること ⑤相手方当事者が公正な判断に影響するに足る証拠を隠匿していたこと ⑥当該事件の仲裁時に、仲裁人に賄賂要求もしくは収賄行為、私利を図る不正行為、又は法を曲げて判断をする行為があったこと 人民法院は、合議廷を構成し、審査確認したうえ、仲裁判断が前項に掲げる事由のいずれかに該当すると確定した場合には、取り消す旨の裁	①当事者が契約に仲裁条項を定めておらず、又は事後に書面による仲裁合意に達していないこと ②判断された事項が仲裁合意の範囲に属さず、又は仲裁機関に仲裁する権限がないこと ③仲裁廷の構成又は仲裁手続が法定手続に違反していたこと ④判断の根拠とされた証拠が偽造されたものであること ⑤相手方当事者が仲裁機関の公正な判断に影響するに足る証拠を隠匿していたこと ⑥当該事件の仲裁時に、仲裁人に汚職・収賄行為、私利を図る不正行為又は法を曲げて判断をする行為があったこと 人民法院は、仲裁判断の執行が社会公共の利益に反すると認定する場合には、執行を行わない旨の裁定をする。	④仲裁をなした仲裁機関が仲裁合意の約定する仲裁機関ではない場合 「仲裁廷の構成又は仲裁手続が法定手続に違反していたこと」には、次に掲げる事項が含まれる。 ①仲裁法の規定する仲裁手続、当事者が選択した仲裁規則又は当事者間が仲裁手続についてなした特別の約定に違反し、事件の公正な仲裁判断に影響する可能性がある場合 ②仲裁法又は仲裁規則が規定する方式によらずに法律文書が送達され、仲裁に参与することができなかった場合、仲裁人が仲裁法又は仲裁規則の規定に基づき回避すべきであったにもかかわらず、回避しなかった場合。 「判断の根拠とされた証拠が偽造されたものであること」には、次に掲げる事項が含まれる。 ①当該証拠が既に仲裁判断により採用されたこと、 ②当該証拠が事件の基本的事実を認定する主要な証拠に属すこと、かつ ③当該証拠が審査を経て、明らかに、捏造、変造、虚偽の証明の提供等不法な方式を通じて形成又は取得され、証拠の客観性、関連性、合法性の基準に違反すること 「相手方当事者が仲裁機関の公正な判断に影響するに足る証拠を隠匿していたこと」には、次に掲げる事項が含まれる。 ①当該証拠が事件の基本的な事実を認定する主要な証拠に属すこと、 ②当該証拠が相手当事者のみにおいて所持し、仲裁廷に提出されなかったこと、かつ ③仲裁手続において当該証拠の存在を知悉しており、かつ相手当事者に提示を要求し、又は仲裁廷にその提示を命ずることを申し立てたにもかかわらず、相手当事者が正当な理由なく提示又は提出を行わなかったこと 「当該事件の仲裁時に、仲裁人に汚職・収賄行為、私利を図る不正行為又は法を曲げて判断をする行為があったこと」は、次に掲げる事項を指す。 ①既に効力が生じた刑事法律文書又は紀律処分決定により確認された行為

定をする。 人民法院は、仲裁判断が社会公共の利益に反すると認定する場合には、取り消す旨の裁定をする。		

上記国内仲裁の仲裁判断の取消事由又は執行拒否事由のうち、「判断の根拠とされた証拠が偽造されたものであること」と「相手方当事者が仲裁機関の公正な判断に影響するに足る証拠を隠匿していたこと」は、人民法院が仲裁事件の実体に関する審査をすることになるため、仲裁の権威性及び終局制に悪影響を及ぼしているとの批判がある。この点について、今後の仲裁法及び民事訴訟法の改正を注目する必要がある。

(2) 渉外仲裁

渉外仲裁の仲裁判断に対する司法審査の基準は、仲裁法第70条及び第71条、並びに民事訴訟法第274条に定められている。具体的には、下表のとおりである。

仲裁法第70条及び第71条	民事訴訟法第274条
当事者が証拠を提出して渉外仲裁判断が民事訴訟法第258条第1項[2]に定める事由のいずれかに該当することを証明した場合には、人民法院は、合議廷を設けて審査を行い、その事実を確認したときは、取消の裁定をする（第70条）。 被申立人が証拠を提出して渉外仲裁判断が民事訴訟法第258条第1項[3]に定める事由のいずれかに該当することを証明した場合には、人民法院は、合議廷を設けて審査を行い、その事実を確認したときは、執行しない旨の裁定をする（第71条）。	中華人民共和国の渉外仲裁機関が下した判断に対して、被申立人が証拠を提出し、仲裁判断が次に掲げる事由のいずれかに該当することを証明したものについては、人民法院は、合議廷を構成し、審査確認したうえ、執行を行わない旨の裁定をする。 ①当事者が契約に仲裁条項を定めておらず、又は事後に書面による仲裁合意に達していないとき ②被申立人が仲裁人の指定又は仲裁手続の進行の通知を得ておらず、又は被申立人の責めに帰さない理由により意見を陳述することができなかったとき ③仲裁廷の構成又は仲裁の手続が仲裁規則に適合していなかったとき ④判断された事項が仲裁合意の範囲に属

[2] 最新の民事訴訟法（2017年版）第274条1項
[3] 最新の民事訴訟法（2017年版）第274条1項

	さず、又は仲裁機関がこれを仲裁する権限を有していなかったとき ⑤人民法院は、判断の執行が社会公共の利益に反すると認定する場合には、執行を行わない旨の裁定をする。

国内仲裁の仲裁判断に対する司法審査の基準と比較してみると分かるとおり、渉外仲裁の場合は、人民法院は、原則として、仲裁プロセス上の問題の有無のみを審査することになる。

(3) 国外仲裁

国外仲裁の仲裁判断に対する司法審査の基準は、下記ニューヨーク条約第5条が適用されることになる。

ニューヨーク条約第5条
1　判断の承認及び執行は、判断が不利益に援用される当事者の請求により、承認及び執行が求められた国の権限のある機関に対しその当事者が次の証拠を提出する場合に限り、拒否することができる。 (a)　第二条に掲げる合意の当事者が、その当事者に適用される法令により無能力者であったこと又は前記の合意が、当事者がその準拠法として指定した法令により若しくはその指定がなかったときは判断がされた国の法令により有効でないこと。 (b)　判断が不利益に援用される当事者が、仲裁人の選定若しくは仲裁手続について適当な通告を受けなかったこと又はその他の理由により防禦することが不可能であったこと。 (c)　判断が、仲裁付託の条項に定められていない紛争若しくはその条項の範囲内にない紛争に関するものであること又は仲裁付託の範囲をこえる事項に関する判定を含むこと。ただし、仲裁に付託された事項に関する判定が付託されなかった事項に関する判定から分離することができる場合には、仲裁に付託された事項に関する判定を含む判断の部分は、承認し、かつ、執行することができるものとする。 (d)　仲裁機関の構成又は仲裁手続が、当事者の合意に従っていなかったこと又は、そのような合意がなかったときは、仲裁が行われた国の法令に従っていなかったこと。 (e)　判断が、まだ当事者を拘束するものとなるに至っていないこと又は、その判断がされた国若しくはその判断の基礎となった法令の属する国の権限のある機関により、取り消されたか若しくは停止されたこと。 2　仲裁判断の承認及び執行は、承認及び執行が求められた国の権限のある機関が次のことを認める場合においても、拒否することができる。 (a)　紛争の対象である事項がその国の法令により仲裁による解決が不可能なもの

であること。
(b) 判断の承認及び執行が、その国の公の秩序に反すること。

なお、ニューヨーク条約の加盟国でない国で下された仲裁判断の承認及び執行については、民事訴訟法第283条に基づき、互恵の原則に従って処理することになる。

(4) 社会公共の利益

実務上、「社会公共の利益」や「国の公の秩序」に反することを理由として、仲裁判断の取消や執行拒否が求められた事例が散見される。但し、中国の現行法上、「社会公共の利益」や「国の公の秩序」の定義や判断基準等に関する明確な規定はない。

この点について、最高人民法院は、「最高人民法院による商事仲裁司法審査年度報告（2019年）」に関する記者会見において、仲裁司法審査の実務上、各級人民法院には「社会公共の利益」に反することの意味に対する共通認識が形成されており、その中には、仲裁判断が中国の法律の基本的原則、社会の善良の風俗、国家及び社会の公共安全を害する等の場合が含まれると解すべきであると述べた。さらに、具体的な説明として、土地の取引による地方政府の財政収入の減少が必ずしも保護される社会公共の利益に該当するとは言えない例や、オンラインプラットフォームによる違法な貸付が国の金融市場の秩序を著しく乱すため、社会公共の利益に反すると判断された例が挙げられた。

2 司法審査事件の審査

(1) 事件の範囲

確認申請規定第1条及び審理規定第1条に基づき、仲裁司法審査事件の範囲は、下表のとおりである。

仲裁司法審査事件一覧：

1	仲裁合意の効力の確認を申請する事件
2	中国内陸の仲裁機関による仲裁判断の取消を申請する事件
3	中国内陸の仲裁機関による仲裁判断の執行を申請する事件
4	香港、マカオ、台湾の仲裁判断についての承認及び執行を申請する事件
5	国外仲裁判断についての承認執行を申請する事件
6	その他の仲裁司法審査事件

(2) 管轄権を有する人民法院

司法審査事件を管轄する人民法院については、従来、仲裁法及び仲裁法司法解釈には国内仲裁と渉外仲裁を区別して、それぞれ異なる規定が設けられた。審理規定の施行に伴い、2018年1月1日から、国内仲裁と渉外仲裁を区別せずに、下表のとおり、各類型の仲裁司法審査事件の管轄法院を明確化した。

事件毎の管轄人民法院：

事件類型	管轄人民法院
仲裁合意の効力の確認を申請する事件	仲裁合意で約定した仲裁機関の所在地、仲裁合意の締結地、申請人住所地、被申請人住所地の中級人民法院又は専門人民法院（第2条1項）。
海事、海商紛争仲裁合意の効力に関わる事件	仲裁合意で約定した仲裁機関の所在地、仲裁合意の締結地、申請人住所地、被申請人住所地の海事法院（第2条2項）。 なお、これらの場所に海事法院がない場合、最寄りの海事法院。
国外仲裁判断が人民法院の審理する事件と関連し、被申請人の住所地及び財産所在地がいずれも中国国内にないが、申請人が当該国外仲裁判断の承認を申請する場合	関連する事件を受理する人民法院（第3条1項）： 受理法院が基層法院である場合、国外仲裁判断の承認申請事件は、その一級上の人民法院が管轄する。 受理法院が高級人民法院又は最高人民法院の場合、当該人民法院は、自ら審査するか、指定の中級人民法院に審査させるかを決定する。

国外仲裁判断が中国内陸の仲裁機関が審理する事件と関連し、被申請人の住所地又は財産所在地がいずれも中国国内にないが、申請人が当該国外仲裁判断の承認を申請する場合	関連する事件を受理する仲裁機関の所在地の中級人民法院（第3条2項）。
申請人が管轄権を有する二つ以上の人民法院に対して申請を提出した場合	最初に立件した人民法院（第4条）。

(3) 審査プロセス

当事者は、仲裁判断の取消を申し立てる場合には、仲裁判断書を受領した日から6か月以内に行わなければならない（仲裁法第59条）。また、人民法院は、仲裁判断取消の申立を受理してから2か月以内に、判断の取消又は申立の却下を裁定しなければならない（仲裁法第60条）。

一方、当事者は、人民法院に対して仲裁判断の執行拒否を申し立てる場合には、執行通知書の送達日から15日以内に書面にて行わなければならない（仲裁判断執行規定第8条）。また、人民法院は、仲裁判断の執行拒否の申立を立件してから2か月以内に、審査を完了し裁定を下さなければならないが、特殊な事情により延長する必要がある場合に限って、人民法院の院長の許可を得て、1か月延長することが可能である（仲裁判断執行規定第12条）。

仲裁司法審査事件の審査プロセスは、下図のとおりである。

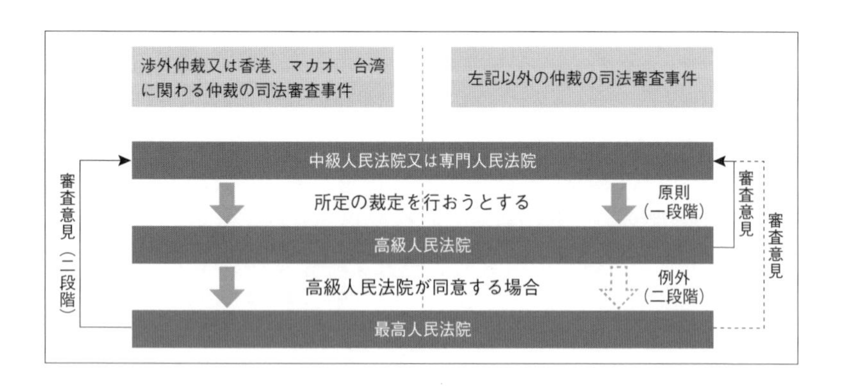

渉外仲裁の司法審査事件又は香港、マカオ、台湾に関わる仲裁の司法審査事件については、中級人民法院又は専門人民法院が①仲裁合意が無効であるとの認定、②中国内陸の仲裁機関による仲裁判断を執行しない又は取り消すとの裁定、③香港、マカオ、台湾の仲裁判断を承認せず、若しくは執行しないとの裁定、又は④外国の仲裁判断を承認せず、若しくは執行しないとの裁定のいずれかを行おうとする場合には、まず高級人民法院に確認申請を行うが（確認申請規定2条1項）、高級人民法院が中級人民法院又は専門人民法院の審査結果に同意する場合、最高人民法院に確認申請を行う必要がある（確認申請規定2条1項）。上記①～④の裁定は、最高人民法院の審査意見に基づき行わなければならない（確認申請規定2条1項）。

また、渉外仲裁の司法審査事件又は香港、マカオ、台湾に関わる仲裁の司法審査事件以外の仲裁司法審査事件について、中級人民法院又は専門人民法院が上記①又は②のいずれかの裁定を行おうとする場合には、原則としては、高級人民法院に確認申請を行い、高級人民法院の審査意見に基づいて上記①又は②の裁定を行わなければならない（確認申請規定2条2項）。但し、例外としては、仲裁司法審査事件の当事者の住所が省級の行政区画を跨ぐ場合、又は、社会公共の利益に反するという理由で、中国内陸の仲裁機関による仲裁判断を執行せず若しくは取り消す場合には、渉外仲裁又は香港、マカオ、台湾に関わる仲裁の司法審査事件と同様の、2段階の確認申請を行い、最高人民法院に確認申請を行う必要がある（確認申請規定3条）。

なお、民事訴訟事件において、人民法院が仲裁合意の効力に関して下した不受理、訴えの却下、管轄権異議の裁定について、当事者が当該裁定に不服として上訴し、第二審人民法院が審査を経て、仲裁合意が不成立、無効、失効又は内容が不明確であるため執行できないと認定しようとする場合、上記プロセスに基づき確認申請を行い、上級人民法院の審査意見に基づいて裁定を出さなければならない（確認申請規定7条）。

3　司法審査の結果

人民法院が仲裁司法審査事件において、仲裁判断の取消、改めて仲裁又は仲裁判断の執行拒否等裁定を下すことが可能である。なお、審理規定第20条及び第21条に基づき、当該裁定は、原則として、送達をもって法的効力を生じることとなり、当事者が不服審査を申し立て、上訴を提起し又は再審を申し立てた場合、人民法院は受理しない。

(1) 仲裁判断の取消及び執行拒否

仲裁判断の取消及び執行拒否の法律根拠については、上記**1**の通りである。その法定事由がほとんど同じであるため、実務上、当事者に悪用されて、重複審査の問題が生じる可能性がある。当該問題を解決するために、仲裁判断執行規定第20条では、次に掲げるルールが設けられた。

① 当事者が人民法院に対して仲裁判断の取消を申し立てて、拒否された後、執行手続において、再度同じ理由で執行拒否を申し立てる場合には、人民法院はそれを支持しない。

② 当事者が人民法院に対して仲裁判断の執行拒否を申し立てて、拒否された後、再度同じ理由で仲裁判断の取消を申し立てる場合には、人民法院はそれを支持しない。

③ 仲裁判断の執行拒否事件の審査期間中に、当事者が管轄権を有する人民法院に仲裁判断の取消を申し立てて、かつ受理された場合には、人民法院は仲裁判断の執行拒否事件に対する審査を中止しなければならない。仲裁判断が取消されて、又は改めて仲裁すると命じられた場合には、人民法院は執行終了を裁定し、執行拒否に対する審査を終了しなければならない。仲裁判断取消の申立が却下されて、又は申立人より撤回された場合には、人民法院は執行拒否に対する審査を再開しなければならない。被執行人が仲裁判断の取消に関する申立を取り下げた場合には、

人民法院は執行拒否の申立に対する審査を終了しなければならないが、第三者が仲裁判断の執行拒否を申し立てる場合はこの限りではない。

(2) 改めて仲裁

仲裁法第61条に基づき、人民法院は、判断取消の申立を受理した後、仲裁廷に改めて仲裁させることができると認める場合には、仲裁廷に一定期間内に改めて仲裁するよう通知し、かつ取消手続の中断を裁定する。「仲裁廷に改めて仲裁させることができると認める場合」について、仲裁法司法解釈第21条は、「仲裁判断の根拠とされた証拠が偽造されたものである場合」及び「相手方当事者が公正な判断に影響するに足る証拠を隠匿していた場合」に限定していることに留意が必要である。

仲裁廷が人民法院の指定する期間内において改めて仲裁を行う場合、人民法院は取消手続の終結を裁定しなければならないが、改めて仲裁を行わない場合は、人民法院は取消手続の再開を裁定しなければならない（仲裁法司法解釈第22条）。

なお、当事者が再仲裁判断に不服がある場合は、再仲裁判断書の送達日から6か月以内に、仲裁法第58条の規定に基づき再度人民法院に仲裁判断の取消しを申し立てることができる（仲裁法司法解釈第23条）。

国外仲裁の仲裁判断の承認及び執行が認められなかった事例

(1)　仲裁合意がない事例

事件	認められなかった理由	裁定書の番号等
Concordia Trading B.V. 社が、江蘇省南通市中級人民法院に対して、国際油、種子及び油脂協会（FOSFA）の第3948号仲裁判断の承認・執行を申し立てた事件	申立人が印刷した三部の契約には、いずれもFOSFAにおいて仲裁する旨の紛争解決条項が含まれている。但し、かかる契約が第三者により被申立人に転送された後に、被申立人は署名・押印して確認しておらず、かかる契約を返送しなかったため、当事者間に仲裁条項について書面の合意に達したとは認められない。	〔2009〕民四他字第22号（2009.08.03）

	また、被申立人が発行した保証レターにおける貨物の数量等は申立人の三部の契約の内容と一致していないため、かかる契約に含まれる仲裁条項について、当事者間で意思表示が一致したと推定することができない。 ニューヨーク条約第2条1項、2項に基づき、承認・執行すべきではない。	

(2) 受理条件に適合しない事例

事件	認められなかった理由	裁定書の番号等
Royal Food Import Corp社が、山東省烟台市中級人民法院に対して、米国食品工業協会（Association of Food Industries）の2585号仲裁判断の承認・執行を申し立てた事件	Royal Food Import Corp社は、仲裁判断及び仲裁合意を含む契約を提出したが、当該仲裁判断及び契約の当事者である「Adu International Group Corp. Ltd」が被申立人の「Yan Tai Rokxy Import Export Co.Ltd」であることを証明する証拠を十分に提出できなかった。 即ち、「Yan Tai Rokxy Import Export Co. Ltd」との仲裁判断及び仲裁合意を提出できず、ニューヨーク条約第4条1項、2項によれば、申立は受理条件に適合しない。 「審理規定」第8条1項、2項に基づき、申立を却下した。	（2017）魯06民初382号 （2020.03.16）

(3) 仲裁合意が有効でない事例

事件	認められなかった理由	裁定書の番号等
Louis Dreyfus Co Australia Pty Ltd.が、江蘇省無錫市中級人民法院に対して、国際綿協会（International Cotton Association）によりS-6873号契約についてなされたA01/2012/102号仲裁判断の承認・執行を申し立てた事件	かかる契約には被申立人の捺印がなく、「張永忠」の署名しかない。但し、張永忠氏はかかる契約に署名したことを否認した。かかる契約の信憑性を確認できず、双方がかかる仲裁条項に合意したか否か確認できない。 イギリス代理法によれば、代理人が仲裁合意を締結する授権を受けた場合にのみ、仲裁合意が有効であるところ、申立人は張永忠氏が授権を有することを証明できない。 ニューヨーク条約第5条1項(a)に基づき、当該仲裁判断を承認・執行しない。	（2013）錫商外仲審字第0003号 （2015.01.14）
北京朝来新生体育休閑有限公司が、北京市第	本件における当事者はいずれも中国法人であり、かかる目的物は中国国内にあり、	（2013）民四他字第64号

二中級人民法院に対し、大韓商事仲裁院(Korean Commercial Arbitration Board)の第12113-0011号、第12112-0012号仲裁判断の承認・執行を申し立てた事件	契約は中国国内で締結・履行されたため、契約は渉外要素を含まない。 渉外要素のない紛争を国外の仲裁機関である大韓商事仲裁院の仲裁に付する旨の仲裁合意は無効である。 ニューヨーク条約第5条1項(a)に基づき、当該仲裁判断を承認・執行しない。	(2013.12.18)

(4)　仲裁判断が付託されなかった事項に関する判断を含む事例

事件	認められなかった理由	裁定書の番号等
CHENCO Chemical Engineering and Consulting GMBH社が、河南省新郷市中級人民法院に対して、ICC国際仲裁裁判所の18046/JHN/GFG号「最終判断」の承認・執行を申し立てた事件	申立人が申立時に主張したのは、ライセンスを受けていない技術の使用停止及びライセンスを受けていない使用による違約金の支払いである。 しかし、「最終判断」の第(414)項、第(415)項には、ライセンスを受けた技術についても使用停止・罰金の支払い旨の判断が含まれている。ニューヨーク条約第5条1項(c)に基づき、上記付託されなかつた事項に関する判定は承認・執行しない。	(2015)新中民三初字第53号 (2017.05.05)

(5)　仲裁廷の構成・仲裁手続が不適当である事例

事件	認められなかった理由	裁定書の番号等
ALSTOM Technology Ltd.が、杭州市中級人民法院に対して、シンガポール国際仲裁センター(SIAC)の仲裁判断の承認・執行を申し立てた事件	当事者は紛争についてSIACがICC国際仲裁裁判所の仲裁規則に従って仲裁すると約定した。 但し、SIACは「SIAC仲裁規則」に従って仲裁廷を構成した。かかる行為は、ICC国際仲裁裁判所の仲裁規則における首席仲裁人の選任に関する規定に適合しない。 ニューヨーク条約第5条1項(d)に基づき、当該仲裁判断を承認・執行しない。	[2012]民四他字第54号 (2012.11.30)
天津鑫茂科技股份有限公司が、天津市高級人民法院に対し、日本商事仲裁協会の東京05-03号仲裁判断の承認・執行拒否を申し立てた事件	仲裁廷は、審理が結審した後に、当事者が約定した仲裁規則に従って仲裁判断を下す期限を被申立人に通知しなかった。 また、仲裁廷は、申立人が申立事項を変更した後に、当該変更申立の内容を被申立人に通知しなかった。 仲裁廷の上記行為は、当事者が約定した仲裁規則にも違反するため、ニューヨー	[2008]民四他字第18号 (2008.09.10)

	ク条約第5条1項(d)に基づき、当該仲裁判断を承認・執行しない。	
日本信越化学工業株式会社が、江蘇省南通市中級人民法院に対し、日本商事仲裁協会の東京04-05号仲裁判断の承認・執行を申し立てた事件	仲裁廷が2005年9月20日に仲裁判断を下すと発表した後に、実際に仲裁判断を下したのは2006年2月23日であった。仲裁廷は、当事者が約定した仲裁規則に従って期日どおりに仲裁判断を下さなかったため、ニューヨーク条約第5条1項(d)に基づき、当該仲裁判断を承認・執行しない。	[2007] 民四他字第26号(2008.03.03)
Bunge Agribusiness Singapore Pte. Ltd. が、陽江市中級人民法院に対し、国際油、種子及び油脂協会(FOSFA)の第3920号仲裁判断の承認・執行を申し立てた事件	被申立人により指定された仲裁人が忌避を行った後に、仲裁廷は被申立人に代替の仲裁人の選定に関する通知を発送せず、被申立人に代わって仲裁人を指定した。 上記行為は、当事者が約定したFOSFAの「上訴及び仲裁規則」第1条(f)の規定に違反する。 ニューヨーク条約第5条1項(d)に基づき、当該仲裁判断を承認・執行しない。	[2006] 民四他字第41号(2007.06.25)

(6) 中国法により仲裁による解決が不可能である事例

事件	認められなかった理由	裁定書の番号等
呉春英が、濱州市中級人民法院に対して、モンゴル国家仲裁廷の74/24—06号仲裁判断の承認・執行を申し立てた事件	かかる仲裁判断は、主に相続事項に関してなされた判断であり、仲裁法第3条により仲裁できない紛争である。 ニューヨーク条約第5条2項(a)に基づき、当該仲裁判断を承認・執行しない。	(2009) 民四他字第33号(2009.09.02)

(7) 中国の公の秩序に反する事例

事件	認められなかった理由	裁定書の番号等
Palmer Maritime Inc.社が、天津海事法院に対して、独任仲裁人PatrickO'Donovanが2016年9月9日にロンドンでPalmer Maritime Inc.社と中牧実業股份有限公司の「TOBA」汽船の船荷証券紛争について行った最終仲裁判断の承認・執	中国の人民法院が当事者間の仲裁合意の存在及び効力について否定的な判断を下したことを前提に、上記仲裁合意に基づきなされた仲裁判断を承認・執行すると、同じ法域において同じ事実について真逆な司法判断を下すことになる。 このような司法判断の結論が矛盾することは国の法律の価値及び観念の統一及び一致に違反する。 ニューヨーク条約第5条1項(c)及び2項(b)に基づき、当該仲裁判断は承認・執行す	(2017) 津72協外認1号(2018.07.11)

行を申し立てた事件	べきではない。	
Hemofarm DD社、MAG International Trading Company、Sulam Media Co. Ltd.が、済南市中級人民法院に対して、ICC国際仲裁裁判所の第13464/MS/JB/JEM号仲裁判断の承認・執行を申し立てた事件	申立人らと済南永寧製薬股份有限公司（以下「永寧公司」という）が合弁契約に定めた仲裁条項は、合弁契約の当事者が合弁事項につき生じた紛争のみを拘束し、永寧公司と合弁会社の賃貸借契約紛争を拘束できない。 かかる賃貸借契約紛争について、中国の法院が合弁会社の財産に対し保全措置をとり、かつ判決を下したにもかかわらず、ICC国際仲裁裁判所がかかる賃貸借契約紛争について審理して判断を下すことは、中国の司法主権及び中国の法院の司法管轄権を侵害するものである。 ニューヨーク条約第5条1項(c)及び2項(b)に基づき、当該仲裁判断は承認・執行すべきではない。	(2008）民四他字第11号 (2008.06.02)

第13章
仲裁判断の執行

仲裁判断は、それが下された日から法律上の効力が生じ、当事者は、仲裁判断を履行しなければならない。当事者の一方が仲裁判断を履行しない場合には、相手方当事者は、管轄権を有する人民法院に対して仲裁判断の強制執行を申し立てることができる。

従来は、人民法院が仲裁判断の執行事件を処理することに関する法律規定や司法解釈等が少なく、実務上の処理に不確定要素をもたらしていた。当該問題を解消するために、最高人民法院は、2018年2月22日に、「人民法院による仲裁判断執行事件の処理における若干問題に関する規定」（以下「仲裁判断執行規定」という）を公布し、仲裁判断の執行に関するルールを明確化した。

また、中国では、裁判や仲裁において勝訴しても強制執行がなかなか奏功しない、いわゆる「執行難」問題が批判を浴びている。当該問題を解決するために、最高人民法院は、2016年に「『2～3年で執行難問題を基本的に解決すること』の具体化に関する作業要綱」を公布して以来、執行分野における法整備等を進めてきた。上記仲裁判断執行規定のほかに、同じタイミングで公布されたものとしては、「執行和解の若干問題に関する規定」（以下「執行和解規定」という）及び「執行担保の若干問題に関する規定」（以下「執行担保規定」という）がある。これらの司法解釈を受けて、強制執行の実務がより機能することが期待できる。

1　国内仲裁及び渉外仲裁の仲裁判断の執行

(1) 管轄権を有する人民法院

仲裁法司法解釈第29条に基づき、当事者の一方が仲裁判断を履行しない場合には、相手方当事者は、原則として、被執行人又は被執行財産の所在地の中級人民法院に執行を申し立てることができる。

但し、仲裁判断執行事件には、執行対象の金額が小さいものが多く、全ての執行事件を中級人民法院の管轄とする意義は大きくないという指摘があった。それを受けて、2018年2月22日公布された仲裁判断執行規定第2条2項は、執行対象の金額が基層人民法院の第一審民商事事件の級別管轄受理範囲に合致する事件については、上級人民法院の許可を得た上で、被執行人の住所地又は被執行財産の所在地の基層人民法院が管轄することができるものとした。

しかしながら、被執行人が仲裁判断の執行拒否を申し立てた場合には、仮に既に基層人民法院の管轄とされた執行事件についても、中級人民法院において審査し処理しなければならない（仲裁判断執行規定第2条3項）。

(2) 時効

仲裁にも、訴訟と同じように時効が設けられている。仲裁法第74条によれば、仲裁の時効には、法律に規定がない場合は、訴訟の時効に関する規定が適用される。このため、執行を申し立てる期間は、仲裁判断において定められた履行期間の最終日から起算して、2年となる。なお、仲裁判断において分割した履行期間が定められている場合には、所定の各履行期間の最終日から起算し、仲裁判断に履行期間が定められていない場合は、仲裁判断の効力発生日（仲裁判断が下された日）から起算することになる。

また、執行を申し立てる期間は、申立人の履行請求又は被申立人の履行承諾により中断し、中断の時から新たに計算される（民事訴訟法第239条）。

しかし、実務上、人民法院は積極的に時効期間を過ぎたか否かを審査しないことに留意が必要である。民事訴訟法司法解釈第483条1項に基づき、執行申立人が執行申立の時効期間を過ぎて人民法院に強制執行を申し立てた場合、人民法院はこれを受理しなければならないが、被執行人が執行申立の時効期間に異議を申し立てた場合、人民法院は、審査の結果、異議が成立するときは、執行しない旨の裁定をする。一方、同条2項によれば、「被執行人が義務の全部又は一部を履行した後、執行申立の時効期間の満了を知らなかったことを理由として執行取消による原状回復を請求する場合、人民法院は支持しない。」とされている。

2　国外仲裁判断の承認及び執行

国外仲裁判断については、当然に中国で法的効力が生じるわけではない。人民法院による執行を必要とする場合、当事者は、先に人民法院に承認するよう申し立てなければならない。人民法院は、審査を経て、承認する旨の裁定をした後に、初めて執行することができる（民事訴訟法司法解釈第546条1項）。

なお、当事者が承認のみを申し立て、同時に執行を申し立てない場合、人民法院は、承認すべきか否かのみについて審査を行い、かつ裁定をすることもできる（民事訴訟法司法解釈第546条2項）。

(1) 管轄権を有する人民法院

民事訴訟法第283条に基づき、国外の仲裁機関の判断についても、人民法院の承認と執行を必要とするものは、当事者が直接に被執行人の住所地又はその財産所在地の中級人民法院に申し立てなければならない。人民法院は、ニューヨーク条約により、又は互恵の原則に従って処理しなければならない。

中国では、1986年12月2日に第6期全国人民代表大会常務委員会第18回会議において、ニューヨーク条約に加盟することに関する決定がなされ、同年12月13日にニューヨーク条約への加盟が承認された。さらに、ニューヨーク条約加盟後、最高人民法院は、1987年4月10日、「外国仲裁判断の承認及び執行に関する条約の中国での承認の実行に関する通知」を公布した。当該通知の第4項には、「我が国の管轄権を有する法院が一方の当事者から申立を受けた後は、承認及び執行の申立のあった仲裁判断について審査を行わなければならず、ニューヨーク条約第5条1項及び2項に掲げる事由に該当しないと判断した場合には、その効力を承認する裁定をしなければならず、かつ民事訴訟法に規定する手続により執行しなければならない。第5条2項に掲げる事由のいずれかに該当すると判断した場合、又は被執行人の提出した証拠により第5条1項に掲げる事由のいずれかに該当することが証明された場合には、申立棄却の裁定をし、承認及び執行を拒否しなければならない。」と規定されている。

(2) 時効

国外の仲裁判断の承認及び執行を申し立てる期間は、国内仲裁や渉外仲裁の場合と同じく、2年である。また、民事訴訟法司法解釈第547条によれば、「当事者が、外国の裁判所がした法的効力を生じている判決、裁定又は外国の仲裁判断の承認及び執行を申し立てる期間には、民事訴訟法第239条の規定を適用する。」とされている。即ち、執行を申し立てる期間は、申立人の履行請求又は被申立人の履行承諾により中断し、中断の時から新たに計算されることになる。

3　香港、マカオ及び台湾での仲裁判断の承認及び執行

中国内陸と香港、マカオ及び台湾との間の仲裁判断の承認及び執行等について、最高人民法院は、2000年1月24日に「内陸及び香港特別行政区との仲裁判断の相互執行に関する取決め」、2007年12月12日に「内陸及び

マカオ特別行政区との仲裁判断の相互執行に関する取決め」及び2015年6月29日に「台湾地域の仲裁判断の承認及び執行に関する規定」、2019年9月26日に「内陸及び香港特別行政区の裁判所間の仲裁手続の相互共助保全に関する取決め」、並びに2020年11月26日に「内陸及び香港特別行政区との仲裁判断の相互執行に関する補充取決め（2020）」及び2021年5月18日「内陸及び香港特別行政区との仲裁判断の相互執行に関する補充取決め（2021）」を公布した。

当該相互執行に関する取決めや規定に基づくと、香港、マカオ又は台湾で下された仲裁判断の承認及び執行についても、管轄権を有する中級人民法院に申し立てなければならず、また、当該仲裁判断の承認及び執行を申し立てる期間も2年である。

4　執行の要件及びプロセス等

(1) 執行の要件

民事訴訟法司法解釈第463条に基づき、当事者が人民法院に執行を申し立てる効力発生済の法律文書は、権利義務の主体が明確であること、給付の内容が明確であることを備えていなければならない。但し、仲裁判断における給付内容が明確であるか否かの判断基準や給付内容が不明確である場合の取扱い方法について、明確な法律規定がなかった。

この点について、仲裁判断執行規定第3条1項は、給付内容が不明確である事例を列挙し、またその場合の対応策を示した。具体的に言うと、①金銭給付である場合は、具体的な金額が不明確であり、又は計算方法が不明確であるため具体的な金額を計算できないこと、②物の交付である場合は、物が不明確であり又は特定できないこと、③一定の行為を履行する場合は、履行の標準、対象、範囲が不明確であることによって、人民法院が執行できないと判断した場合は、執行申立の全部又は一部を却下することができる。

また、執行申立を却下する前に、人民法院は仲裁廷に訂正又は説明を求めることが可能であり、仲裁廷が訂正又は説明を行わない場合、人民法院は仲裁記録等を閲覧し、自ら確認することができる（仲裁判断執行規定第4条）。

(2) 執行期限

人民法院は、執行申立書を受け取った日から6か月以内に執行を行わなければならない。6か月を過ぎても人民法院が執行を行わない場合は、執行申立人は一級上の人民法院に執行を申し立てることができる。一級上の人民法院は、審査の上、原審人民法院に対し一定の期間内に執行するよう命じることができるほか、自ら執行し、又はその他の人民法院に執行を命じることもできる（民事訴訟法第226条）。

(3) 執行異議の申立

当事者又は利害関係人は、執行行為が法律の規定に違反すると考える場合には、執行を行う人民法院に書面の異議申立書を提出することができる。当事者又は利害関係人が書面の異議申立書を提出した場合は、人民法院は書面の異議申立書を受け取った日から15日以内に審査しなければならず、理由があると認める場合は、取消又は変更の裁定を下し、理由がないと認める場合は、棄却の裁定を下す。なお、当事者又は利害関係人が裁定を不服とする場合には、裁定の送達日から10日以内に、一級上の人民法院に不服審査を申し立てることができる（民事訴訟法第225条）。

執行の過程において、第三者が執行目的物について書面の異議申立書を提出した場合には、人民法院は書面の異議申立書を受け取った日から15日以内に審査しなければならず、理由があると認める場合は、当該目的物に対する執行を中断する旨の裁定を下し、理由がないと認める場合は、棄却の裁定を下す。第三者又は当事者が裁定を不服とし、原判決又は裁定に誤りがあると考える場合には、裁判監督手続により処理する。原判決又は裁定と関係がない場合は、裁定の送達日から15日以内に、一級上の人民法院に訴訟を提起することができる（民事訴訟法第227条）。

(4) 執行和解

執行中において、当事者双方が自ら和解し、合意に達することができる（民事訴訟法第230条）。各当事者が共同で人民法院に対して執行和解合意書を提出した場合、又は一方当事者が人民法院に執行和解合意書を提出し、かつその他の当事者がそれを認めた場合、人民法院は、執行中断の裁定を下すことができる（執行和解規定第2条）。

また、当事者が執行和解合意を履行しない場合には、執行申立人は、元の仲裁判断の執行の再開を申し立てることができるし、執行和解合意書に基づく訴えを提起することもできる。但し、執行申立人は、執行再開の申立と執行和解合意書に基づく訴えの提起とを同時に行うことが認められず、どちらか一方を選択しなければならない（執行和解規定第13条及び第14条）。

更に、執行和解合意書を締結する際には、執行申立人が被執行人に対して担保の提供を求めることが可能であり、実務上もよくみられる。執行和解規定第18条に基づき、担保提供者が人民法院に対して、被執行人が執行和解合意書を履行しなかった時には任意に直接強制執行を受けることに同意した場合には、人民法院は、執行申立人の申請及び担保条項の規定に基づき、執行再開後に、担保財産又は保証人の財産に対する強制執行を直接裁定することができる。

5　責任財産の調査

(1) 公開情報による調査

日本では、債権者が債務者の責任財産を調査する手段は限られ、勝訴の仲裁判断を得たとしても、その執行が困難である場合も多い。中国においては、執行難の問題は日本以上に存在している。中国政府は、執行難の問題に対処するため、関連する政府のウェブサイト等で企業や個人の財産に関する情報を開示する取組みを進めている。このような取組みの成果として、現在では、ある程度まで、債務者の責任財産の保有状況及び／又は特定の財産に対する担保権設定の有無等に関する情報を、関連ウェブサイトにて債権者が自ら探せるようになっている[1]。

上記財産に関する情報を掲載している主要な政府のウェブサイト等及び当該ウェブサイト等から得られる情報等は、下表のとおりである。

調査対象財産		調査方法	得られる情報
不動産	土地	中国土地市場ネット（自然資源部）https://www.landchina.com/	✓土地に対する抵当権の設定（抵当権者名称、抵当権設定者名称、金額等） ✓土地使用権の譲渡（もとの土地使用権者名称、現在の土地使用権者名称、土地の所在、譲渡金額等） ✓入札募集・競売・公示等による土地の払下げ[2]公告（土地使用権者名称、土地の所在、金額、土地の用途、使用期間等） ✓大手企業の土地購入情報（企業名称、土地の所在、金額等）
	建物	照会可能な主体： 権利者及び不動産取引、相続、訴訟等に関わる利害関係人、人民法院、人民検察院、国家安全機関、監察機関等、その他の関連国家機関 照会先： 各地の不動産登記主管政府機関	権利者： ✓自らの不動産登記資料 不動産取引、相続、訴訟等に関わる利害関係人： ✓不動産の基本状況、権利者及びその不動産の封印、抵当権設定、予告登記、異議登記等の状況 人民法院、人民検察院、国家安全機関、監察機関等： ✓調査及び処理事項と関わりのある不動産登記資料 その他の関連国家機関： ✓公務を執行する上での不動産登記資料
動産	留置権	動産融資統一登記システム（中国人民銀行信用情報収集センター）https://www.zhongdengwang.org.cn/	✓所有権留保登記の日付、登記満了時期、権利者名称等 ✓留置権登記の日付、登記満了時期、留置権者名称等

[1] もっとも、政府のウェブサイト等に反映された情報はごく一部であることや、情報が反映された後に更新されないこと等の原因で、すべての財産情報をウェブサイト等で検索できるわけではなく、また、検索で獲得した情報も最新のものではない可能性があることには留意する必要がある。

	動産抵当権	動産融資統一登記システム（中国人民銀行信用情報収集センター）https://www.zhongdengwang.org.cn/ 全国市場監督管理動産抵当登記業務システムhttp://dcdy.gsxt.gov.cn/ 国家企業信用情報公示システム（国家市場監督管理総局）http://www.samr.gov.cn/	✓動産抵当権設定登記日付、登記機構、被担保債権の金額、状態、公示日付等
銀行口座		照会できるウェブサイトなし。実務上は以下の方法で口座情報を入手できる場合がある。 ✓調査会社を利用する方法 ✓後述する人民法院の調査を経る方法 ✓取引する際の契約書、手形等の書類に記載があれば、その情報を通じて特定する方法	
売掛金等の債権		動産融資統一登記システム（中国人民銀行信用情報収集センター）https://www.zhongdengwang.org.cn/	✓売掛金の質権設定登記、譲渡登記の日付、登記満了期、質権設定者名称等 ✓ファイナンスリース登記の日付、登記満了期、賃貸人名称等 ✓倉庫保管証書質権設定登記の日付、登記満了期、質権設定者名称等
持分／株式		国家企業信用情報公示システム（国家市場監督管理総局）http://www.samr.gov.cn/	✓企業の株主の名称、出資状況 ✓持分質権設定登記
		中国証券登記結算有限責任公司株券質権設定情報照会http://www.chinaclear.cn/zdjs/wsywpt/plat_index.shtml	✓株券質権設定件数、数量、比率
知的財産	コンピュータソフトウェア著作権	中国版権保護センターhttp://www.ccopyright.com.cn/	✓コンピュータソフトウェア著作権登記事項 ✓コンピュータソフトウェア著作権契約登記事項 ✓コンピュータソフトウェア著作権登記の変更、取消 ✓その他の事項

[2] 払下げ土地使用権とは、国家により一定期間を定めて土地使用者に払い下げられ、土地使用者が国家に対して払下金を支払うことにより取得する国有土地使用権をいう（「都市不動産管理法」第8条）。

	作品著作権	中国版権保護センター http://www.ccopyright.com.cn/	✓作品著作権登記事項 ✓質権設定者及び質権者の基本情報 ✓著作権に対する質権設定契約の主な内容 ✓登記日 ✓登記番号 ✓その他の事項
	特許権	a 中国特許審査情報照会（国家知的財産権局）http://cpquery.cnipa.gov.cn/ b 専利公報	✓特許権者、発明者、特許権の名称、特許番号、出願日、特許類型、出願文書等 ✓特許権に対する質権設定についての質権設定者、質権者、主分類番号、特許番号、特許権付与公告日、質権設定登記日等
	商標	a 中国商標ネット（国家知識産権局商標局）http://sbj.cnipa.gov.cn/ b 登録商標専用権質権設定情報http://sbj.cnipa.gov.cn/tzgg/	✓出願者名称・住所、商標の登録出願番号、出願日付、登録公告日付、専用期限、国際分類番号、指定商品等 ✓質権者、質権設定者、質権設定商標の登録番号、質権登記期限
その他	上場会社の資産	a 上海、深セン証券取引所 http://www.sse.com.cn/ http://www.szse.cn/ b 巨潮資訊（中国証監会の指定する情報開示サイト）http://www.cninfo.com.cn/	✓会社の株式を最も多く保有する上位10名の株主の名簿及び持株数 ✓財務会計報告 ✓重大な投資行為 ✓重大な財産購入 ✓重要な契約の締結 ✓重大な債務 ✓重大な訴訟 ✓株券質権設定情報等
	全国中小企業株式譲渡システム公示取引会社[3]の資産	全国中小企業株式譲渡システムhttp://www.neeq.com.cn/	✓財務会計報告 ✓重大な訴訟・仲裁 ✓減資、合併、分割、解散及び破産の申立 ✓株式権益変更行為等
	建設プロジェクト	全国建築市場管理監督公共サービスプラットフォーム（住宅都市農村建設部）http://jzsc.mohurd.gov.cn/asite/jsbpp/index	✓会社のプロジェクト（建設中のプロジェクトを含む）の建設業者、総投資金額、総面積、入札募集・入札、工事施工許可等の情報

[3]「国務院による全国中小企業株式譲渡システムに関する決定」第1条

(2) 人民法院による調査

被執行人の財産を執行する際には、基本的には、執行申立人が自ら被執行人の財産を特定する必要がある（人民法院の執行業務に関する若干規定（試行）（2020年版）第18条）。しかし、以下に述べるとおり、中国では、人民法院の権限による財産調査の制度があり、実際に利用されていることがある。

執行における財産調査を規範化し、当事者及び利害関係者の合法な利益を保護するため、最高人民法院は、2017年2月28日に「民事執行における財産調査に関する若干問題についての規定」を公布し、2020年12月29日にその改定版（以下「財産調査規定（2020年版）」という）を公布した。財産調査規定（2020年版）は、民事執行の実践経験を踏まえ、執行申立人による被執行人財産の手掛りの提供、被執行人による財産の報告、人民法院による調査という三つの民事執行段階における被執行人財産の調査ルートを規定している（第1条）。

人民法院による調査の方法としては、「ネットワーク執行調査監視システム」による調査、会計監査による調査及び懸賞公告による調査等の調査方法がある。

1）ネットワーク執行調査監視システムによる調査

近年、人民法院は、ネットワーク執行調査監視システムを構築し、インターネットを通じて短時間で被執行人の全国の預金、自動車等の主要財産を調査監視することができるようになっている。ネットワーク執行調査監視システムは、2014年11月25日に正式に使用が開始されたもので、最高人民法院は、中国人民銀行、国家市場監督管理総局（旧国家工商行政管理総局）、証券監督管理委員会、国家組織機構コードセンター、公安部公民身分証明書調査センターとの間で既に協定を結び、これらの団体が持つ財産情報に人民法院もアクセスできるようにしている。特に、中国人民銀行が持つ情報として、全国の銀行の店舗の口座及び預金の状況を、証券監督管理委員会が持つ情報として、銀行預金のほか株式等有価証券及び自動車を、それぞれ調査できる点が注目を集めている。

なお、ネットワーク執行調査監視システムは、基本的に上記のように強制執行の段階で人民法院が職権に基づいて使用するものであるが、2016年12月から、財産保全の段階においても、当事者の書面申請により、人民法院がその裁量で使用することができる旨の規定が設けられた（「人民法院による財産保全事件の処理に関する若干問題についての規定（2020年版）」第11条）。

もっとも、ネットワーク執行調査監視システムは新しいシステムであるため、経済が比較的発達している地域の人民法院が先行して導入しているものに過ぎず、現時点ですべての人民法院に設置されているわけではないことに留意する必要がある。

2）会計監査による調査

被執行人が効力を生じた法律文書で確定された義務を履行しない場合、執行申立人は一定の状況[4]において、人民法院に対して会計監査機構による被執行人の会計監査の実施を申請できる。人民法院は、書面申請を受領した日から10日以内に許可するか否かを決定しなければならない。

会計監査の実施を決定した場合、人民法院は、会計監査機構を無作為に確定し、会計監査を行わせることになる。被執行人は、会計帳簿等の必要資料の提出義務を負い、提供の拒絶又は隠蔽等の行為に対しては、行政又は刑事責任が問われる。会計監査の費用については、被執行人が財産の移転、隠蔽等債務を逃れる行為がない限り、執行申立人の負担となる（財産調査規定（2020年版）第18条～第20条）。

3）懸賞公告による調査

被執行人財産の手掛りの取得ルートを拡大するため、懸賞公告による調査制度が設けられた。被執行人が効力発生済の法律文書で確定された義務を履行しない場合、執行人は、人民法院に対して、被執行人の財産情報に関する懸賞公告の実施を申請できる（財産調査規定（2020年版）第21条）。

人民法院が懸賞公告による調査の実施を決定した場合、懸賞公告を作

[4] 執行申立人が、被執行人が財産報告の拒絶、虚偽報告、財産の隠蔽若しくは移転等を通じて義務履行を回避し、又は、被執行人の株主・出資者が虚偽の出資や出資金の不正引出し等を行ったと考える場合（財産調査規定（2020年版）第17条）。

成し、全国法院執行懸賞公告プラットフォーム等のメディアプラットフォームで掲載し、又は被執行人の住所で掲示することができる。情報提供者が人民法院の把握していない財産情報を提供し、かつ、それにより執行申立人の債権の全部又は一部の回収が実現された場合、執行申立人は自己の負担で情報提供者に対して懸賞金を支払うことになる（財産調査規定（2020年版）第22条、第24条）。

4）一部の地域の調査令制度

調査令制度とは、執行段階において、被執行人の財産を調査するために、執行申立人の申請により、人民法院が調査令を発行し、執行申立人が調査令を持って自ら銀行等の金融機関に行って調査する制度をいう。

民事訴訟法及びその関連司法解釈においては調査令制度の明確な根拠は存在しないが、一部の地域の人民法院において実務上実施されている。例えば、北京市においては、北京市高級人民法院は「委託調査制度に関する若干意見（試行）」を公布した。北京市で訴訟を行う場合、執行申立人は人民法院に調査令の発行を申請して被執行人の財産を調査することができる。

もっとも、調査令による調査も、一部の地域で実施されているのみであること、銀行等の金融機関が協力しないことが通常であること等の問題点があり、その実効性には難があるのが実態と言える。

第14章
仲裁における調停

調停（中国語は「調解」）とは、紛争を抱えた当事者の自由意思に従い、当事者との間に利害関係を有しない公平・中立な第三者である調停人が、当事者の間に入り、和解の成立に向けて協力する制度を指す。特に商取引において、当事者は、ビジネス関係の将来性を重要視し、柔軟かつスピーディーな紛争解決を図るケースが多い。その場合は、訴訟や仲裁ではなく、まず調停を試みることが考えられる。

近年、中国では、人民法院の負担を軽減するために、調停制度の構築及び利用が推進されている。民事訴訟法の2012年改正時に、「調停先行」の原則を導入した。その第122条によれば、「当事者が人民法院に訴えを提起した民事紛争について、調停に適する場合には、先に調停を行うものとする。但し、当事者が調停を拒んだ場合はこの限りでない。」とされている。また、仲裁法第51条においても、「仲裁廷は、判断を下す前に調停を行うことができる。当事者が調停を望む場合には、仲裁廷は、調停を行わなければならない。」という旨の規定がある。更に、多くの仲裁機関は、仲裁から独立したサービスとして、調停センターを設立し、調停規則を公布している。例えば、北京仲裁委員会は、2011年8月1日に調停センターを設立し、同年8月31日に「北京仲裁委員会調停センター調停規則」を公布した。また、CIETACは、2018年5月18日に調停センターを設立し、その調停規則は2018年10月1日より施行されている。

なお、2019年8月7日、中国は、「調停に関するシンガポール条約」に署名した。「調停に関するシンガポール条約」は、国際的な商事調停により成立した和解合意について、執行力を付与する等の共通の法的枠組を定めるものである。当該条約を中国国内で発効させ、施行させるためには、中国は新しい法律（例えば、「商事調停法」）を制定するか、又は既存の法律を改正する必要がある。かかる立法作業の推進に伴い、今後の中国国内における調停制度の整備や利用拡大が大いに期待される。

1　仲裁における調停の手続

仲裁手続における調停は、当事者の希望による調停と仲裁廷の主導による調停に分けられる。いずれの場合においても、調停により当事者間で合意に達した場合には、仲裁廷は、調停書を作成し、又は当事者間の合意に基づき仲裁判断書を作成しなければならない。

また、仲裁法第51条2項後段に基づき、調停書と仲裁判断書は、同等の法律上の効力を有する。

調停のプロセス等について、仲裁法及びその司法解釈には具体的な規定はない。実務上、適用される仲裁規則に従うことになる。

ほとんどの仲裁機関の仲裁規則には、仲裁廷による調停に関する具体的なルールが設けられている。例えば、CIETAC仲裁規則（2015年版）第47条は、仲裁及び調停の結合として、下表のルールを定めている。

CIETAC仲裁規則（2015年版）第47条	
①	双方当事者が調停を望む場合、又は一方当事者が調停を望み、かつ仲裁廷が他方当事者から同意を得た場合、仲裁廷は仲裁手続において事件につき調停を行うことができる。双方当事者は、自ら和解することもできる。
②	仲裁廷は、双方当事者から同意を得た後、その適切であると認める方式により調停を行うことができる。
③	調停過程において、いずれか一方の当事者が調停の終了を申し出たとき、又は仲裁廷が既に調停が成立する見込みがないと認めたときは、仲裁廷は、調停を終了しなければならない。

④	双方当事者は、仲裁廷の調停を経て和解し、又は自ら和解した場合、和解合意書を締結しなければならない。
⑤	当事者は、調停を経て和解合意を成立させ、又は自ら和解合意を成立させた場合、仲裁請求又は反対請求を取り下げることができ、仲裁廷に当事者の和解合意の内容に基づき判断書を作成し、又は調停書を作成するよう求めることもできる。
⑥	当事者が調停書の作成を求めた場合、調停書には仲裁請求及び当事者の書面による和解合意の内容を明記し、仲裁人が署名し、かつ「中国国際経済貿易仲裁委員会」の印章を押捺し、双方当事者に送達しなければならない。
⑦	調停が成功しない場合、仲裁廷は、仲裁手続の進行を継続し、かつ判断を出さなければならない。
⑧	当事者が調停を望むが、仲裁廷の主宰において調停を行うことを望まない場合、双方当事者の同意を経て、CIETACは、当事者が適切な方式及び手続で調停を行うことに協力することができる。
⑨	調停が成功しない場合、いずれの一方当事者も、その後の仲裁手続、司法手続及びその他いずれかの手続において、相手方当事者又は仲裁廷が調停過程において発表した意見、提示した見地、なした陳述、同意又は否定を表す意見又は主張を引用し、その請求、答弁又は反対請求の根拠とすることはできない。

また、仲裁手続を開始する前に、当事者が自ら又は調停を経て、和解合意を成立させることもある。その場合、CIETACの仲裁に付する仲裁合意及びその和解合意に基づき、CIETACに対して仲裁廷を構成し、和解合意の内容により仲裁判断を出すよう求めることが可能である。当事者に別段の約定がある場合を除き、CIETACの主任が1人の単独仲裁人を指名して仲裁廷を成立させ、仲裁廷がその適切と認める手続により審理を行い、かつ判断を出すことになる（CIETAC仲裁規則（2015年版）第47条）。

調停・和解により結審した案件が仲裁事件全体に占める割合[1]

年度	割合
2014年	65%
2015年	41%
2016年	58%
2017年	29%

[1] 「中国国際商事仲裁年度報告」（2014 ～ 2017）、http://www.cietac.org.cn/index.php?m=Article&a=index&id=251

2　調停書

(1) 調停書の内容

仲裁法第52条1項によれば、調停書には、仲裁の請求及び当事者の合意の結果を明記しなければならないとされている。

実務上、具体的な事件や仲裁人によるが、調停書において、仲裁手続に関する内容（仲裁合意、仲裁規則及び仲裁書類の送達等）を簡単に紹介した上で、当事者間の合意事項を詳細に記載することがほとんどである。また、和解合意をスムーズに達成し、当事者間の不要なトラブルを回避するために、調停書における仲裁の請求や係争事項を意図的に抽象化することも多く見受けられる。

(2) 調停書の有効性

調停により当事者間で達した和解合意の内容が、仲裁法第16条に定める「仲裁申立の意思表示」又は「仲裁に付する事項」を超える場合における、当該和解合意に基づく調停書又は仲裁判断書の有効性について、中国の現行法上、明文の規定はない。また、ほとんどの仲裁機関の仲裁規則もこの点について言及していない。

一方、訴訟における調停について、「人民法院の民事調停手続の若干問題に関する規定」第7条によれば、「調停合意の内容が訴訟請求を超える場合にも、人民法院はこれを認めることができる。」とされている。

実務上、上記の訴訟における調停に関する司法解釈の規定を参照し、当事者間の自由意思は尊重されるべきであるから、仮に仲裁調停書の内容が仲裁申立の範囲や仲裁合意の範囲を超えていたとしても、それが中国の強制法規に違反せず、また第三者の利益を害さなければ、その効力を認めるべきであるという見解が主流である。

3　調停書の取消又は執行拒否

調停書は、当事者が受領署名をした後、直ちに法律上の効力を生じることになる（仲裁法第52条2項）。ほとんどの場合は、当事者が調停書に従いそれぞれの義務を履行することになる。但し、調停書が発効した後、関連当事者は、何らかの事情（例えば、調停書に誤りがある）により、和解の意思を翻すこともある。その場合、調停書の当事者は、仲裁判断と同様に、調停書の取消や執行拒否を申し立てることができるのかが問題となる。

(1) 調停書の取消

仲裁法及びその司法解釈には、調停書の取消に関する規定はない。

実務上、仲裁判断の取消に関する規定を準用して、調停書の取消に関する事件を審査し判断すべきであるという見解を示した地方の人民法院も散見される。例えば、広東省高級人民法院（2018）粤民終1868号民事裁定書及び江西省高級人民法院（2019）贛民特2号裁定書が直近の事例として挙げられる。一方、法律上の根拠がないことを理由として、調停書の取消を受理すべきではないという見解を示した地方の人民法院も存在する。例えば、上海市第一中級人民法院（2019）沪01民特555号民事裁定書及び北京市第四中級人民法院（2018）京04民特541号民事裁定書が挙げられる。

最高人民法院研究室の当該問題に関する研究意見では、人民法院が調停書の取消事件を受理し審理することに関する法律上の根拠が存在しないこと、また、人民法院は当事者間の合意を過度に干渉すべきではないことを理由に、仲裁判断の取消に関する規定は調停書に適用しない、と述べられている[2]。但し、当該研究意見は、最高人民法院が正式に公布した司法解釈ではないため、最高人民法院の意見を代表するものとは言えない。この点については、今後の実務や最高人民法院の動きを注目する

[2]「司法研究と指導」（2012年No.2、人民法院出版社2012年版）。

必要がある。

(2) 調停書の執行拒否

調停書の取消と異なり、調停書の執行拒否については、仲裁法司法解釈第28条に明文の規定がある。同条よれば、「当事者が仲裁調停書又は当事者間の和解協議に基づいて作成された仲裁判断書につき不執行を申し立てた場合、人民法院はこれを支持しない。」とされている。また、「人民法院による仲裁判断執行事件の処理に関する若干問題についての規定」第17条によれば、被執行者が仲裁調停書又は当事者間の和解合意、調停合意に基づく仲裁判断の執行拒否を申請した場合、人民法院はこれを支持しないが、当該仲裁調停書又は仲裁判断が社会公共の利益に反する場合はこの限りではない、と定められている。即ち、調停書の執行拒否については、仲裁判断の執行拒否に関する規定は適用されず、調停書が社会公共の利益に反する場合を除き、人民法院はそれを支持しないことになる。もっとも、中国の現行法上、「社会公共の利益」の定義やその判断基準等に関する明確な規定はなく、「社会公共の利益に対する違反」を理由とする仲裁判断の取消や執行拒否事件は少なく、「社会公共の利益に対する違反」に関する認定が厳しくなる傾向が見受けられる。

なお、仲裁法第52条3項によれば、「調停書の受領署名前に当事者が意思を翻した場合には、仲裁廷は、遅滞なく判断を下さなければならない」とされている。仲裁法は、調停書を受領した後、署名する前に、当事者に拒否権を与えることによって、当事者の自由意思を保障している。よって、当事者が調停書に署名し、当該調停書が発効した後に、更にその執行拒否を認めてしまうと、信義誠実の原則に反することになるという意見もある。

第15章
法律面以外の留意事項

本書第1章～第14章は、中国における商事仲裁制度の法律根拠、主な仲裁機関、仲裁の仕組み及び手続の流れ、並びに実務上の留意事項等を網羅的に紹介した。最後に、法律面から少し離れて、仲裁の効率性、場合によっては仲裁判断の有効性や執行可能性等に影響を及ぼすロジック面の留意事項を簡単に紹介したい。

一言でいうと、入念な準備（preparation）をすることが肝要である。

法律面の分析や証拠収集に関する事前準備が重要であることは言うまでもないが、本章では、「孫子の兵法」の「敵を知り、己を知れば、百戦危うからず」を仲裁手続のロジック等の準備作業に当てはめて、その重要性の分析を試みたい。特に中国に行く機会が少なく、また、中国語を話せない方にとって、少しでも参考になれば幸いである。

インターネットの普及に伴い、中国では、特に大都市のインフラ整備は凄まじい発展を見せている。電子決済、配車アプリ、宅配サービス、wi-fi環境、高速鉄道、地下鉄網等が日々変化している。これらの新しいサービス等をうまく利用できれば、快適に効率よく仕事を進められるが、逆にあまり詳しくなければ、大変な苦労をしてしまうおそれがある。例えば、今の北京や上海市内では、配車アプリを使いこなせなければ、いくら路上で手を上げてもタクシーが止まらない。また、現金でタクシー代を支払おうとしても、タクシーの運転手がお釣りを持っていなく、電子決済を当たり前のように頼まれる。全て細かいことか

もしれないが、事前に知っておかなければ、時間のロスが生じてしまい、これによって事前の打ち合わせができず、又は開廷等に遅れてしまうことが容易に想像できる。

1　相手側の状況を把握する（敵を知り）

本格的な仲裁手続を開始する前に、予め相手側のチーム構成（代理人弁護士、専門家等)、自ら選定した仲裁人以外の仲裁人（仲裁人は厳密にいうと「敵」ではない）に関する情報を入手し、これに応じて自らのチーム構成をチェックし、変更や補充の要否を検討することが重要である。

特に専門的な知識が必要な事件（例えば、技術ライセンス契約や建物の施工契約等に関する紛争）の場合は、相手側の弁護士及び相手側が選定した仲裁人はかかるバックグランドを持っているのか、持っている場合はその実績や見解等に関する情報を収集することが重要であり、それによって、仲裁における和解や仲裁人忌避の申立等につながる可能性がある。また、専門家の意見が必要な場合は、よりシニア、より有名な専門家を起用することによって、より良い結果を達成することも考えられる。

更に、仲裁を行う場合は、仲裁機関を予め合意していることがほとんどであるが、仲裁の言語や尋問地等を仲裁手続において協議した上で決めることも少なくない。その場合は、相手側の所在地、そのチームメンバーの所在地や仕事に用いられる言語を把握することによって、相手にとって有利で、自らにとって不利な選択を回避することが期待できる。

2　自らの強みと弱みを理解する（己を知り）

特に仲裁手続において和解や調停が期待できる場合は、開廷の前に、「自らの目的は何か」を今一度整理することが重要である。当たり前のことと思われるかもしれないが、仲裁開廷時の協議や交渉において、相手側から提示される様々なシナリオに圧倒され、自分の方向性を失い、仲裁人の心証に悪影響を与えてしまうおそれがある。

仲裁における和解交渉や調停において、相手側に負けないためには、予め己を知り尽くす必要がある。これを実現するために、「自らの目的は何か」、「当該目的を達成するため、どのようなカードを持っているか」及び「譲歩の余地はあるか。ある場合は、どこまで譲歩できるか」等の状況に応じて、できる限り具体的かつ詳細に検討しなければならない。例えば、合弁契約をめぐる紛争において、合弁を解消し、単独でビジネスを行いたい場合は、「自らの目的」は「単独でビジネスを行うこと」であり、当該目的を達成するための「カード」としては、①「保有する合弁企業の持分を低い価格で相手側に譲渡すること」、②「合弁企業に対する債権を低い価格で相手側に譲渡し、又は放棄すること」、③「合弁解消後一定期間において相手側をサポートすること」、④「法定の解散事由が生じており、合弁企業の解散を申請できること」、⑤「相手側に違約事由があり、その違約責任を追及できること」等が挙げられ、当該①及び②の譲渡価格、並びに③のサポート期間についてはさらに「どこまで譲歩できるか」を考えておく必要がある。これらについて予め検討し、準備することが肝要である。

3　万全を期して仲裁開廷に臨む

仲裁手続に関するロジックの重要性も無視できない。ロジックの不備によって、不要な時間や費用が発生し、場合によっては仲裁判断の有効性や執行可能性に悪影響をもたらすおそれがある。この点については、日本企業が中国における仲裁の当事者である場合は、中国に現地法人を持っているか否かによって、対応方法が大きく異なる。

(1)　ホテルや移動手段の予約

現地法人を持っている日本企業の場合は、ホテルの予約、移動手段の確保等は全て現地法人に任せることが多い。一方、現地法人を持っていない日本企業の場合は、中国人又は中国語ができる日本人スタッフがいれば、日本からホテルや車等を予約することも可能である。特に後者の場合は、仲裁機関、開廷場所又は尋問場所にアクセスしやすいホテルを確保することが重要である。

また、複雑な案件で、数日間現地滞在する必要がある場合は、本社への報告や翌日の戦略を練るために、ホテル内の会議室も確保する必要があるかもしれない。なお、中国大都市のほとんどのビジネスホテルではwi-fi環境が整備されているため、支障なくオンラインミーティング等の仕事を行うことができる。

移動手段については、事前に車を確保せず、現地についてからタクシーを利用することも可能である。但し、冒頭で述べた通り、現地の配車アプリに慣れていなければ、不要なトラブルが生じるおそれがある。また、車の渋滞を避けるために、地下鉄等の公共交通機関を利用することもたまにあるが、北京や上海等の大都市では、通勤ラッシュの混雑状況は東京に負けないため、それを避けることが賢明である。

(2) 翻訳や通訳の確保

日本企業と中国企業との仲裁手続は、英語で行うことが少なからず見受けられるが、通訳を介して行うことが比較的に多い。この場合は、適格な翻訳や通訳を確保することが重要である。日本企業の担当者がいくら万全に準備し、言葉遣いに注意しても、正確に訳されなければ意味がないといっても過言ではない。

仲裁手続における通訳は、仲裁機関が指定又は推薦することが多い。これとは別に、日本側が自社サイドの翻訳や通訳及び／又は日本語ができる現地弁護士を雇うことが多い。なぜならば、事前準備の段階から、相手側の主張を正確に理解する必要があるし、仲裁機関が手配する通訳の正確性をダブルチェックすることも重要だからである。

(3) スケジュールの管理

仲裁の開廷や尋問等のスケジュールは、仲裁廷が当事者の都合を確認し、それを踏まえて予め確定することがほとんどである。

中国における仲裁手続では、日本企業が中国に出向くことが多い。多くの担当者は日本から海外出張することになり、費用がかかるし、毎回の時間の制限もある。よって、中国側との和解交渉においては、中国企業のペースに流されないように留意する必要がある。中国企業との和解交渉において、日本企業の担当者が日本に戻る直前に、中国企業の責任者が交渉のテーブルに着き、最後のわずかな時間に数多くの論点を出して、アグレッシブに攻めてくることがよくある。日本企業の担当者は、あまり時間がない中で、熟慮できず慌てて中国企業の主張を認めてしまうという失敗例もある。

(4) 仲裁機関の施設利用

中国大都市の仲裁機関のほとんどの立地は非常によく、会議室・尋問室・ブレイクアウトルームを揃えており、PC等の機器の利用、ビデオ会議システムの提供が充実している。なお、近年、中国国内の仲裁機関の間の競争が激しく、仲裁機関が乱立し、過剰な設備投資を行っているという指摘もある。

コロナ禍の現在、日中間の自由な移動が制限されているため、仲裁の開廷をオンラインで行うことも非常に多い。日本では、一般社団法人日本国際紛争解決センター（JIDRC：Japan International Dispute Resolution Center）の東京と大阪の施設を利用することが可能であり、お勧めである。なお、JIDRCは、日本政府の「国際仲裁の活性化に向けた関係府省連絡会議」の中間とりまとめ等を踏まえ、民間における日本における国際仲裁・調停振興の拠点の一つとなるべく設立された機関であり、その主たる事業は、内外の仲裁機関・調停機関が仲裁や調停の手続のために審問を行う場合に、その審問の場所として、アクセスがよく安全に滞在できる東京と大阪に用意した専用の施設を廉価に提供することとされている。感染症予防対策等のため審問地へ赴くことが難しい場合でも、JIDRC東京施設又は大阪施設が提供するビデオ会議システム等のサービスを利用し、オンライン審問を実施することが可能である。JIDRCの施設、サービス及び料金プラン等について、そのウェブサイト（https://idrc.jp）上に写真を含めて詳細な記載がある。

第２編

資料編

中華人民共和国仲裁法

（中華人民共和国主席令第76号）

（1994年８月31日第８期全国人民代表大会常務委員会第９回会議で採択、2009年８月27日第11期全国人民代表大会常務委員会第10回会議「一部の法律改正に関する決定」に基づき第１次改正、2017年９月１日第12期全国人民代表大会常務委員会第29次会議「『中華人民共和国法官法』等八つの法律改正に関する決定」に基づき第２次改正、2018年１月１日施行）

目　次

第１章　総則

第１条（目的）

経済紛争の公正かつ速やかな仲裁を保証し、当事者の合法的権益を保護し、社会主義市場経済の健全な発展を保障するため、本法を制定する。

第２条（適用）

平等な主体である公民、法人及びその他の組織の間で発生する契約紛争及びその他の財産権益に係わる紛争は、仲裁に付すことができる。

第３条（適用除外）

次の各号に掲げる紛争は、仲裁に付すことはできない。

⑴婚姻、養子縁組、後見、扶養、相続に係わる紛争
⑵法により行政機関が処理すべき行政紛争

第４条（仲裁合意）

当事者が仲裁方式を採用して紛争を解決する場合には、双方の自由意思により、仲裁に付する旨の合意をしなければならない。仲裁合意がなく、一方が仲裁を申し立てた場合には、仲裁委員会は、これを受理しない。

第５条（仲裁合意の効力）

当事者が仲裁に付する旨を合意した場合において、一方が人民法院に訴訟を提起したときは、人民法院は、これを受理しないものとする。但し、仲裁合意が無効である場合についてはこの限りではない。

第６条（仲裁委員会の選定）

仲裁委員会は、当事者の合意により選定しなければならない。

仲裁は、審級管轄及び土地管轄を実施しない。

第７条（紛争解決の原則）

仲裁は、事実を根拠とし、法律の規定に合致し、公平かつ合理的に紛争を解決しなければならない。

第８条（行政機関等からの独立）

仲裁は、法により独立して行われ、行政機関、社会団体及び個人の干渉を受けない。

第９条（一審制）

仲裁は、一審制とする。判断が下された後、当事者が同一の紛争について仲裁を再度申し立て、又は人民法院に訴訟を提起した場合には、仲裁委員会又は人民法院は、これを受理しない。

人民法院が法に従い判断を取消し又は執行しない旨の裁定をした場合には、当事者は、当該紛争について双方の新たな仲裁合意に基づき仲裁を申し立てることができ、また、人民法院に訴訟を提起することもできる。

第２章　仲裁委員会と仲裁協会

第10条（仲裁委員会の設置）

仲裁委員会は、直轄市及び省、自治区の人民政府所在地の市に設置することができ、また、必要に応じてその他の区を設けている市に設置することができるものとし、各レベルの行政区画毎に設置することはしない。

仲裁委員会は、前項に定める市の人民政府が、関係部門及び商会に統一的に設置させる。

仲裁委員会の設置は、省、自治区、直轄市の司法行政部門に登録しなければならない。

第11条（仲裁委員会の設立条件）

仲裁委員会は、次の各号に掲げる条件を備えていなければならない。

⑴自らの名称、住所及び規約を有すること

⑵必要な財産を有すること

⑶当該委員会を構成する人員を有すること

⑷任命した仲裁人を有すること

仲裁委員会の規約は、本法に従い制定しなければならない。

第12条（仲裁委員会の人員構成）

仲裁委員会は、１名の主任、２名から４名までの副主任及び７名から11名までの委員により構成される。

仲裁委員会の主任、副主任及び委員は、法律、経済・貿易の専門家及び実務経験を有する人員が務める。仲裁委員会の構成人員のうち、法律、経済・貿易の専門家は３分の２を下回ってはならない。

第13条（仲裁人の条件）

仲裁委員会は、公正かつ品行方正な人員から仲裁人を任命しなければならない。

仲裁人は、次の各号に掲げる条件のいずれかに該当しなければならない。

⑴国家統一法律職業資格試験に合格して法律職業資格を取得し、仲裁業務に従事して満８年以上になること

⑵弁護士業務に従事して満８年以上になること

⑶裁判官を満８年以上務めたことがあること

⑷法律の研究、教育業務に従事し、かつ高級職名を有すること

⑸法律知識を有し、経済・貿易等の専門職に就き、かつ高級職名を有すること、又は同一水準の専門性を有すること

仲裁委員会は、専門分野毎に仲裁人名簿を設けるものとする。

第14条（仲裁委員会の独立性）

仲裁委員会は、行政機関から独立し、行政機関との間に隷属関係はないものとする。各仲裁委員会の間にも隷属関係はない。

第15条（中国仲裁協会）

中国仲裁協会は、社会団体法人である。仲裁委員会は、中国仲裁協会の会員

である。中国仲裁協会の規約は、全国会員大会で制定する。

中国仲裁協会は、仲裁委員会の自主規律組織であり、規約に基づき仲裁委員会及びその構成人員並びに仲裁人の規律違反行為について監督を行う。

中国仲裁協会は、本法及び民事訴訟法の関連規定に従い仲裁規則を制定する。

第３章　仲裁合意

第16条（仲裁合意の形式及び内容）

仲裁合意には、契約書に定める仲裁条項及びその他の書面方式で紛争発生前又は紛争発生後になされた仲裁申立の合意を含む。

仲裁合意には、次の各号に掲げる内容を含めなければならない。

⑴仲裁申立の意思表示

⑵仲裁に付する事項

⑶選定する仲裁委員会

第17条（仲裁合意の無効）

次の各号に掲げる事由のいずれかに該当する場合には、仲裁合意は無効である。

⑴約定した仲裁に付する事項が法律に定める仲裁の範囲を超える場合

⑵民事行為無能力者又は民事行為制限能力者がなした仲裁合意

⑶一方が脅迫の手段を用い、相手側に仲裁合意を強いた場合

第18条（内容が不明確な仲裁合意の処理）

仲裁合意に仲裁に付する事項又は仲裁委員会について約定がない、又は約定が不明確である場合には、当事者は、合意を追加することができる。追加の合意がなされないときは、仲裁合意は無効である。

第19条（契約の変更等の仲裁合意に対する効力）

仲裁合意は、独立して存在し、契約の変更、解除、終了又は無効は、仲裁合意の効力に影響を与えない。

仲裁廷は、契約の効力を確認する権限を有する。

第20条（仲裁合意に対する異議）

当事者は、仲裁合意の効力について異議を有する場合には、仲裁委員会に決定を求め、又は人民法院に裁定を求めることができる。一方が仲裁委員会に決定を求めた場合において、他方が人民法院に裁定を求めたときは、人民法院が裁定する。

当事者は、仲裁合意の効力について異議を有する場合には、仲裁廷の最初の

開廷審理の前に申し立てなければならない。

第4章　仲裁手続
第1節　申立と受理
第21条（仲裁申立の条件）
　当事者の仲裁申立は、次の各号に掲げる条件に合致しなければならない。
⑴仲裁合意があること
⑵具体的な仲裁の請求及び事実、理由があること
⑶仲裁委員会の受理範囲に属していること

第22条（仲裁申立の提出文書）
　当事者は、仲裁を申し立てるにあたり、仲裁委員会に仲裁合意、仲裁申立書及び副本を提出しなければならない。

第23条（仲裁申立書の内容）
　仲裁申立書には、次の各号に掲げる事項を明記しなければならない。
⑴当事者の氏名、性別、年齢、職業、勤務先及び住所、又は法人もしくはその他の組織の名称、住所及び法定代表者もしくは主要責任者の氏名及び役職
⑵仲裁の請求及び根拠となる事実及び理由
⑶証拠及び証拠の出所、証人の氏名及び住所

第24条（仲裁申立書の受理及び不受理）
　仲裁委員会は、仲裁申立書を受領した日から5日以内に、受理条件に合致すると認める場合には、これを受理し、かつ当事者に通知しなければならない。受理条件に合致しないと認める場合には、当事者に受理しない旨を書面で通知し、かつその理由を説明しなければならない。

第25条（受理後の手続）
　仲裁委員会は、仲裁申立を受理した後、仲裁規則に定める期間内に仲裁規則及び仲裁人名簿を申立人に送達し、かつ仲裁申立書の副本並びに仲裁規則及び仲裁人名簿を被申立人に送達しなければならない。
　被申立人は、仲裁申立書の副本を受領した後、仲裁規則に定める期間内に答弁状を仲裁委員会に提出しなければならない。仲裁委員会は、答弁書を受領した後、仲裁規則に定める期間内に答弁書の副本を申立人に送達しなければならない。被申立人が答弁書を提出しない場合も、仲裁手続の進行に影響を及ぼさない。

第26条（一方当事者の提訴）
当事者が仲裁に付する旨を合意した場合において、一方が仲裁合意があることを表明せずに人民法院に訴訟を提起し、人民法院が受理した後に、他方が最初の開廷審理の前に仲裁合意を提出したときは、人民法院は、訴えを却下しなければならない。但し、仲裁合意が無効である場合についてはこの限りではない。他方が最初の開廷審理の前に人民法院が当該事件を受理したことについて異議を申し立てない場合には、仲裁合意を放棄したものとみなし、人民法院は、審理を継続しなければならない。

第27条（仲裁申立の放棄等）
申立人は、仲裁の請求を放棄又は変更することができる。被申立人は、仲裁の請求を認諾し、又は反論することができ、反対請求をする権利を有する。

第28条（財産保全）
一方の当事者は、他方の当事者の行為又はその他の原因により、判断の執行が不能又は困難になるおそれがある場合には、財産保全を申し立てることができる。
当事者が財産保全を申し立てた場合には、仲裁委員会は、民事訴訟法の関連規定に従い当事者の申立を人民法院に移送しなければならない。
申立に誤りがあった場合には、申立人は、被申立人が財産保全により被った損失を賠償しなければならない。

第29条（仲裁の代理）
当事者又は法定代理人は、弁護士及びその他の代理人に仲裁の代理を委任することができる。弁護士及びその他の代理人に仲裁の代理を委任する場合には、仲裁委員会に授権委任状を提出しなければならない。

第２節　仲裁廷の構成
第30条（仲裁廷の構成）
仲裁廷は、３名の仲裁人又は１名の仲裁人により構成することができるものとする。３名の仲裁人により構成する場合には、首席仲裁人を置く。

第31条（仲裁人の選定）
当事者が３名の仲裁人により仲裁廷を構成する旨を約定する場合には、仲裁人１名を各自が選定し、又は各自が仲裁委員会の主任に指定を委任するものとし、３人目の仲裁人は、当事者が共同で選定し、又は共同で仲裁委員会の主任に指定を委任するものとする。３人目の仲裁人は、首席仲裁人である。

当事者が１名の仲裁人により仲裁廷を成立させる旨を約定する場合には、仲裁人を当事者が共同で選定し、又は共同で仲裁委員会の主任に選定を委任するものとする。

第32条（仲裁人の指定）

当事者が仲裁規則に定める期間内に仲裁廷の構成方式を約定しない、又は仲裁人を選定しない場合には、仲裁委員会の主任が指定する。

第33条（仲裁廷構成状況の書面通知）

仲裁廷が構成された後、仲裁委員会は、仲裁廷の構成状況を書面で当事者に通知しなければならない。

第34条（仲裁人の忌避）

仲裁人は、次の各号に掲げる事由のいずれかに該当する場合には、忌避しなければならず、当事者も忌避を申し立てる権利を有する。

⑴当該事件の当事者、又は当事者もしくは代理人の近い親族であること

⑵当該事件と利害関係を有すること

⑶当該事件の当事者又は代理人とその他の関係があり、仲裁の公正性に影響を及ぼすおそれがあること

⑷密かに当事者もしくは代理人に会い、又は当事者もしくは代理人の接待及び謝礼を受けること

第35条（忌避申立）

当事者は、忌避を申し立てるにあたり、理由を説明し、最初の開廷審理の前に申し立てなければならない。忌避事由を最初の開廷審理後に知った場合には、最終の開廷審理が終了するまでに申し立てることができるものとする。

第36条（忌避の決定）

仲裁人を忌避するか否かは、仲裁委員会の主任が決定する。仲裁委員会の主任が仲裁人を務める場合には、仲裁委員会が決定する。

第37条（仲裁人の再選定）

仲裁人が忌避又はその他の原因により職責を履行できない場合には、本法の規定に従い仲裁人を改めて選定又は指定するものとする。

忌避により仲裁人を改めて選定又は指定した後、当事者は、すでに行われた仲裁手続を改めて行うことを申し立てることができ、これを許可するか否かは、仲裁廷が決定する。仲裁廷もすでに行われた仲裁手続を改めて行うか否かを自

ら決定することができる。

第38条（仲裁人の除名）

仲裁人が本法第34条第４号に定める事由に該当し、情状が重い場合、又は本法第58条第６号に定める事由に該当する場合には、法により法律上の責任を負うものとし、仲裁委員会は、これを除名しなければならない。

第３節　開廷審理と判断

第39条（開廷審理）

仲裁は、開廷審理を行わなければならない。当事者が開廷審理を行わない旨を合意した場合には、仲裁廷は、仲裁申立書、答弁書及びその他の資料に基づき判断を下すことができる。

第40条（非公開審理）

仲裁は、非公開で行う。当事者が公開する旨を合意した場合には、公開して行うことができるものとする。但し、国家秘密に関わる場合についてはこの限りではない。

第41条（開廷日の通知及び延期）

仲裁委員会は、仲裁規則に定める期間内に開廷審理の期日を両当事者に通知しなければならない。当事者は、正当な理由がある場合には、仲裁規則に定める期間内に開廷審理の延期を申し立てることができる。延期するか否かは、仲裁廷が決定する。

第42条（当事者の出席拒否及び途中退席）

申立人が書面による通知を受け、正当な理由なくして開廷審理に出席しない、又は仲裁廷の許可なくして途中退席した場合には、仲裁申立を取り下げたものとみなすことができる。

被申立人が書面による通知を受け、正当な理由なくして開廷審理に出席しない、又は仲裁廷の許可なくして途中退席した場合には、欠席判断を下すことができる。

第43条（挙証責任）

当事者は、自らの主張について証拠を提出しなければならない。

仲裁廷は、収集の必要があると認める証拠を、自ら収集することができる。

第44条（専門的問題の鑑定）

仲裁廷は、専門的問題について鑑定が必要であると認める場合には、当事者の約定した鑑定機関に鑑定を依頼することができ、また、仲裁廷の指定する鑑定機関に鑑定させることもできる。

当事者の請求又は仲裁廷の要請に基づき、鑑定機関は、鑑定人を開廷審理に参加させなければならない。当事者は、仲裁廷の許可を得て、鑑定人に質問することができる。

第45条（証拠の提示及び証拠調べ）

証拠は、開廷審理時に提示しなければならず、当事者は、証拠調べを行うことができる。

第46条（証拠保全）

証拠が滅失し、又は後からでは取得が困難になるおそれがある場合には、当事者は、証拠保全を申し立てることができる。当事者が証拠保全を申し立てた場合には、仲裁委員会は、当事者の申立を証拠所在地の基層人民法院に移送しなければならない。

第47条（当事者の弁論）

当事者は、仲裁の過程で弁論を行う権利を有する。弁論が終結した時に、首席仲裁人又は単独仲裁人は、当事者に最終意見を求めなければならない。

第48条（審理記録）

仲裁廷は、開廷審理の状況を記録に記入しなければならない。当事者及びその他の仲裁参加者は、自らの陳述の記録に遺漏又は誤りがあると認める場合には、補正を申し立てる権利を有する。補正を認めない場合には、当該申立を記録しなければならない。

記録には、仲裁人、記録係、当事者、その他の仲裁参加人が署名又は押印する。

第49条（和解）

当事者は、仲裁を申し立てた後、自ら和解することができる。和解の合意に達した場合には、和解合意に基づき判断書を作成することを仲裁廷に求めることができ、仲裁申立を取り下げることもできる。

第50条（和解合意・申立取下後に翻意した場合）

当事者が和解の合意に達し、仲裁の申立を取り下げた後でその意思を翻した場合には、仲裁合意に基づき仲裁を申し立てることができる。

第51条（調停）

仲裁廷は、判断を下す前に調停を行うことができる。当事者が調停を望む場合には、仲裁廷は、調停を行わなければならない。調停が成立しなかった場合には、遅滞なく判断を下さなければならない。

調停により合意に達した場合には、仲裁廷は、調停書を作成し、又は合意の結果に基づき判断書を作成しなければならない。調停書と判断書は、同等の法律上の効力を有する。

第52条（調停書）

調停書には、仲裁の請求及び当事者の合意の結果を明記しなければならない。調停書は、仲裁人が署名し、仲裁委員会の印を押捺し、両当事者に送達する。

調停書は、両当事者が受領署名をした後、直ちに法律上の効力を生じる。

調停書の受領署名前に当事者が意思を翻した場合には、仲裁廷は、遅滞なく判断を下さなければならない。

第53条（仲裁判断の決定方法）

判断は、多数の仲裁人の意見に従って下すものとし、少数の仲裁人の異なる意見は、記録に記入することができる。仲裁廷が多数意見を形成することができない場合には、判断は、首席仲裁人の意見に従って下さなければならない。

第54条（判断書の内容）

判断書には、仲裁の請求、紛争の事実、判断の理由、判断の結果、仲裁費用の負担及び判断の日付を明記しなければならない。当事者が紛争の事実及び判断の理由を明記しない旨を合意している場合には、明記しないこともできる。判断書には、仲裁人が署名し、仲裁委員会の印を押捺する。判断について異なる意見を有する仲裁人は、署名することも、署名しないこともできる。

第55条（先行判断）

仲裁廷が紛争を仲裁する場合において、その中の事実の一部が既に明白であるときは、当該部分について先行して判断を下すことができる。

第56条（判断書の補正）

判断書の文字もしくは計算の誤り、又は仲裁廷が判断を下したにもかかわらず判断書において遺漏している事項については、仲裁廷は、補正しなければならない。当事者は、判断書を受領した日から30日以内に、仲裁廷に補正を求めることができる。

第57条（判断書の効力発生時期）
　判断書は、下された日から法律上の効力を生じる。

第５章　判断取消の申立
第58条（判断取消の申立）
　当事者は、証拠を提出して判断が次の各号に掲げる事由のいずれかに該当することを証明する場合には、仲裁委員会の所在地の中級人民法院に判断の取消を申し立てることができる。
⑴仲裁合意がないこと
⑵判断の対象とされた事項が仲裁合意の範囲に属さないこと、又は仲裁委員会に仲裁する権限がないこと
⑶仲裁廷の構成又は仲裁手続が法定の手続に違反していたこと
⑷判断の根拠とされた証拠が偽造されたものであること
⑸相手当事者が公正な判断に影響するに足る証拠を隠匿していたこと
⑹仲裁人に当該事件の仲裁に際して賄賂を要求し、又は受け取り、私利のために不正を働き、法を曲げて判断を下す行為があったこと
　人民法院は、合議廷を設けて審理を行った上で、判断が前項の各号に掲げる事由のいずれかに該当することを確認した場合には、取消を裁定しなければならない。
　人民法院は、当該判断が社会公共の利益に反すると認める場合には、取消を裁定しなければならない。

第59条（申立期間）
　当事者は、判断の取消を申し立てる場合には、判断書を受領した日から６か月以内に行わなければならない。

第60条（審査処理期間）
　人民法院は、判断取消の申立を受理してから２か月以内に、判断の取消又は申立の却下を裁定しなければならない。

第61条（判断取消申立の受理及び処理）
　人民法院は、判断取消の申立を受理した後、仲裁廷に改めて仲裁させることができると認める場合には、仲裁廷に一定期間内に改めて仲裁するよう通知し、かつ取消手続の中断を裁定する。仲裁廷が改めて仲裁することを拒否する場合には、人民法院は、取消手続の再開を裁定しなければならない。

第６章　執行

第62条（執行申立）

当事者は、判断を履行しなければならない。一方の当事者が履行しない場合には、他方の当事者は、民事訴訟法の関連規定に従い人民法院に執行を申し立てることができる。申立を受けた人民法院は、これを執行しなければならない。

第63条（判断の不執行）

被申立人が証拠を提出して判断が民事訴訟法第213条第２項[1]に定める事由のいずれかに該当することを証明した場合には、人民法院は、合議廷を設けて審理を行い、その事実を確認したときは、判断を執行しない。

第64条（執行の中断・終結・再開）

一方の当事者が判断の執行を申し立てた場合において、他方の当事者が判断の取消を申し立てたときは、人民法院は、執行の中断を裁定しなければならない。

人民法院は、判断の取消を裁定する場合には、執行の終結を裁定しなければならない。判断取消の申立が裁定により却下された場合には、人民法院は、執行の再開を裁定しなければならない。

第７章　渉外仲裁の特別規定

第65条（渉外仲裁への適用）

渉外経済・貿易、輸送及び海事において生じる紛争の仲裁には、本章の規定を適用する。本章に規定がない場合には、本法のその他の関連規定を適用する。

第66条（渉外仲裁委員会）

渉外仲裁委員会は、中国国際商会が設置することができる。

渉外仲裁委員会は、主任１名、副主任若干名及び委員若干名により構成する。渉外仲裁委員会の主任、副主任及び委員は、中国国際商会が任命することができる。

第67条（仲裁人の任命）

渉外仲裁委員会は、法律、経済・貿易、科学技術等の専門的知識を有する外国籍の者の中から仲裁人を任命することができる。

第68条（渉外仲裁における証拠保全）

渉外仲裁の当事者が証拠保全を申し立てた場合には、渉外仲裁委員会は、当事者の申立を証拠所在地の中級人民法院に移送しなければならない。

[1] 最新の民事訴訟法（2017年版）第237条２項

第69条（渉外仲裁における審理記録）
渉外仲裁の仲裁廷は、開廷審理の状況を記録に記入し、又は記録の摘要を作成することができ、記録の摘要には、当事者及びその他の仲裁参加人が署名又は押印することができる。

第70条（渉外仲裁判断の取消）
当事者が証拠を提出して渉外仲裁判断が民事訴訟法第258条第１項[2]に定める事由のいずれかに該当することを証明した場合には、人民法院は、合議廷を設けて審査を行い、その事実を確認したときは、取消の裁定をする。

第71条（渉外仲裁判断の不執行）
被申立人が証拠を提出して渉外仲裁判断が民事訴訟法第258条第１項[3]に定める事由のいずれかに該当することを証明した場合には、人民法院は、合議廷を設けて審査を行い、その事実を確認したときは、執行しない旨の裁定をする。

第72条（渉外仲裁判断の執行申立）
渉外仲裁委員会が下した法律上の効力を生じた仲裁判断について、当事者が執行を申し立てた場合において、被執行人が中華人民共和国の領域内にいない、又はその財産が中華人民共和国の領域内にないときは、当事者は、直接、管轄権を有する外国の裁判所に承認及び執行を申し立てなければならない。

第73条（渉外仲裁規則）
渉外仲裁規則は、中国国際商会が本法及び民事訴訟法の関連規定に従い制定することができる。

第８章　附則
第74条（仲裁時効）
仲裁の時効について法律に規定がある場合には、当該規定を適用する。仲裁の時効について法律に規定がない場合には、訴訟の時効についての規定を適用する。

第75条（仲裁暫定規則の制定）
中国仲裁協会が仲裁規則を制定する前において、仲裁委員会は、本法及び民事訴訟法の関連規定に従い仲裁暫定規則を制定することができる。

第76条（仲裁費用）
当事者は、規定に従い仲裁費用を納付しなければならない。

[2] 最新の民事訴訟法（2017年版）第274条１項
[3] 最新の民事訴訟法（2017年版）第274条１項

仲裁費用の徴収方法は､物価管理部門に審査確認（原文は「核準」）を求めなければならない。

第77条（労働争議及び農業請負契約紛争の仲裁）
労働争議及び農業の集団経済組織内部での農業請負契約紛争の仲裁については、別途規定する。

第78条（本法の優先適用）
本法の施行前に制定された仲裁に関する規定と本法の規定に齟齬がある場合には、本法に従う。

第79条（本法施行前に設置された仲裁機関）
本法の施行前に、直轄市、省、自治区の人民政府所在地の市及びその他の区を設けている市が設置した仲裁機関は、本法の関連規定に従い改めて設置しなければならない。改めて設置しない場合には、本法の施行日から満１年が経過した時点で廃止する。
本法の施行前に設置された本法の規定に合致しないその他の仲裁機関は、本法施行の日より廃止する。

第80条（施行日）
本法は1995年９月１日より施行する。

中国国際経済貿易仲裁委員会仲裁規則（2015）

（中国国際貿易促進委員会・中国国際商会2014年11月４日改正、同日公布、2015年１月１日施行）

目　次

第１章　総則

第１条　仲裁委員会

⑴中国国際経済貿易仲裁委員会（以下「仲裁委員会」という）は、原名称を中国国際貿易促進委員会対外貿易仲裁委員会、中国国際貿易促進委員会対外経済貿易仲裁委員会といい、「中国国際商会仲裁院」の名称を同時に使用する。

⑵当事者が仲裁合意において、中国国際貿易促進委員会／中国国際商会が仲裁し、又は中国国際貿易促進委員会／中国国際商会の仲裁委員会もしくは仲裁院が仲裁すると明確に定めた場合、又は仲裁委員会原名称を仲裁機関として使用している場合、いずれも中国国際経済貿易仲裁委員会が仲裁することに同意したものとみなす。

第２条　機関及び職責

⑴仲裁委員会主任は、本規則の付与する職責を履行する。副主任は、主任の授権に基づき主任の職責を履行することができる。

⑵仲裁委員会は、仲裁院を設置し、授権された副主任及び仲裁院院長の指導のもとで、本規則に規定する職責を履行する。

⑶仲裁委員会は、北京に設置する。仲裁委員会は、分会又は仲裁センターを設置する（本規則付属文書１）。仲裁委員会の分会／仲裁センターは仲裁委員会の派出機構であり、仲裁委員会の授権に基づき仲裁申立を受付け、仲裁事件

を管理する。

⑷分会／仲裁センターは仲裁院を設置し、分会／仲裁センター仲裁院院長の指導のもとで、本規則に仲裁委員会仲裁院が履行すると定める職責を履行する。

⑸事件を分会／仲裁センターが管理する場合、本規則に仲裁委員会仲裁院院長が履行すると定める職責は、仲裁委員会仲裁院院長の授権した分会／仲裁センターの仲裁院院長が履行する。

⑹当事者は、紛争を仲裁委員会又は仲裁委員会分会／仲裁センターに申し立てて仲裁を行うと約定することができる。仲裁委員会が仲裁を行うと約定した場合には、仲裁委員会仲裁院が仲裁申立を受付け、かつ事件を管理し、分会／仲裁センターが仲裁すると約定した場合には、約定した分会／仲裁センターの仲裁院が仲裁申立を受付け、かつ事件を管理する。約定した分会／仲裁センターが存在せず、授権を打ち切られ、又は約定が不明確である場合には、仲裁委員会仲裁院が仲裁申立を受付け、かつ事件を管理する。争いがある場合には、仲裁委員会が決定をする。

第３条　受理範囲

⑴仲裁委員会は当事者の約定に基づき契約性又は非契約性の経済貿易等の紛争事件を受理する。

⑵前項にいう事件には以下のものが含まれる。

①国際又は渉外紛争事件

②香港特別行政区、マカオ特別行政区及び台湾地区に関わる紛争事件

③国内紛争事件

第４条　規則の適用

⑴本規則は、仲裁委員会及びその分会／仲裁センターに一元的に適用される。

⑵当事者が紛争を仲裁委員会に申し立てて仲裁することを約定した場合には、本規則により仲裁を行うことに同意したものとみなす。

⑶当事者が紛争を仲裁委員会に申し立てて仲裁すると約定したが、本規則の関連内容を変更し、又はその他の仲裁規則を適用すると約定した場合には、その約定に従う。但し、その約定が実施できない、又は仲裁手続準拠法の強行規定と抵触するときはこの限りではない。当事者がその他の仲裁規則を適用すると約定した場合には、仲裁委員会が相応の管理職責を履行する。

⑷当事者が本規則により仲裁を行うと約定したが、仲裁機関を約定していない場合には、紛争を仲裁委員会に申し立てて仲裁することに同意したものとみなす。

⑸当事者が仲裁委員会の専門仲裁規則を適用すると約定した場合には、その約定に従う。但し、その紛争が当該専門仲裁規則の適用範囲に属しないときは、

本規則を適用する。

第５条　仲裁合意

⑴仲裁合意とは、当事者が契約の中で明確に定めた仲裁条項又はその他の方式で締結された仲裁申立の書面合意を指す。

⑵仲裁合意は、書面形式をとらなければならない。書面形式には、契約書、書簡、電報、テレックス、ファクシミリ、電子データの交換及び電子メール等の、記載内容を有形的に表現できる形式が含まれる。仲裁申立書及び仲裁答弁書のやりとりにおいて、一方の当事者が仲裁合意があると言明し、他方の当事者が否認を表明しない場合には、書面の仲裁合意が存在するものとみなす。

⑶仲裁合意の準拠法に仲裁合意の形式及び効力について別段の定めがある場合には、その規定に従う。

⑷契約の中の仲裁条項は、契約のその他の条項から分離した、独立して存在する条項であるとみなさなければならず、契約に付属する仲裁合意も、契約のその他の条項から分離した、独立して存在する１つの部分であるとみなさなければならない。契約の変更、解除、終了、譲渡、失効、無効、未発効、取消及び成立の可否は、いずれも仲裁条項又は仲裁合意の効力に影響しない。

第６条　仲裁合意及び／又は管轄権に対する異議

⑴仲裁委員会は、仲裁合意の存在、効力及び仲裁事件の管轄権につき決定する権利を有する。必要があるときは、仲裁委員会は、仲裁廷に授権して管轄権を決定させることもできる。

⑵仲裁委員会は、推定的証拠（原文は「表面証拠」）に基づき、有効な仲裁合意が存在すると認める場合には、推定的証拠に基づき、仲裁委員会が管轄権を有すると決定し、仲裁手続の進行を継続することができる。仲裁委員会が推定的証拠に基づいてなした管轄権の決定は、それが仲裁廷の審理過程で発見した、推定的証拠と一致しない事実及び／又は証拠に基づき、改めて管轄権の決定をすることを妨げない。

⑶仲裁廷は、仲裁委員会の授権に基づき管轄権を決定するとき、仲裁手続の進行中に単独ですることができ、判断書の中で一括してすることもできる。

⑷当事者の仲裁合意及び／又は仲裁事件管轄権についての異議は、仲裁廷の第１回開廷前に書面により申し立てなければならない。書面審理の事件の場合、第１回の実体についての答弁前に申し立てなければならない。

⑸仲裁合意及び／又は仲裁事件管轄権についての異議申立は、仲裁手続の進行の継続に影響しない。

⑹上記管轄権の異議及び／又は決定には、仲裁事件の主体資格についての異議

及び／又は決定が含まれる。

⑺仲裁委員会又は仲裁委員会の授権を経た仲裁廷が、管轄権がないと決定した場合、事件取消の決定をしなければならない。事件取消の決定は、仲裁廷が構成される前であれば仲裁委員会仲裁院院長が決定し、仲裁廷が構成された後であれば仲裁廷が決定する。

第７条　仲裁地

⑴当事者に仲裁地につき約定がある場合、その約定による。

⑵当事者が仲裁地につき約定していない又は約定が不明確な場合、事件を管理する仲裁委員会又はその分会／仲裁センターの所在地を仲裁地とする。仲裁委員会は事件の具体的状況に応じてその他の地点を仲裁地として確定することもできる。

⑶仲裁判断は、仲裁地でなされたものとみなす。

第８条　送達及び期限

⑴仲裁に関する一切の文書、通知、資料等は、いずれも手渡し、書留郵便、速達、ファクシミリ又は仲裁委員会仲裁院もしくは仲裁廷が適切と認めるその他の方式を用いて送付することができる。

⑵上記第１項にいう仲裁文書は、当事者もしくはその仲裁代理人が自ら申し出た、又は当事者が約定した住所に送付しなければならない。当事者もしくはその仲裁代理人が住所の申出をせず、又は住所について約定していない場合、相手方当事者又はその仲裁代理人の申し出た住所に送付する。

⑶一方当事者又はその仲裁代理人に送付する仲裁文書は、受取人に手渡した場合、若しくは受取人の営業地、登録地、住所地、居所若しくは通信住所に配達した場合、又は相手方当事者の合理的な調査を経ても上記のいずれの地点も探し出すことができず、仲裁委員会仲裁院が書留郵便、速達、若しくは配達記録を提供できる公証送達、委託送達及び差置送達を含むその他何らかの手段により、受取人の最後の知れたる営業地、登録地、住所地、居所もしくは通信住所に配達した場合に、有効な送達とみなす。

⑷本規則に定める期限は、当事者が仲裁委員会仲裁院からこれに送付された文書、通知、資料等を受領し、又は受領すべき日の翌日から起算する。

第９条　信義誠実

仲裁参加者は、信義誠実の原則に従い、仲裁手続を進めなければならない。

第10条　異議申立権の放棄

一方当事者が、本規則又は仲裁合意に定めるいずれかの条項又は事柄が遵守されていないことを知り、又は当然に知り得べきでありながら、なお仲裁手続に参加し、又は仲裁手続の進行を継続し、かつ不遵守の状況につき遅滞なく明示して書面により異議を申し立てない場合、その異議申立の権利を放棄したものとみなす。

第2章　仲裁手続

第1節　仲裁の申立、答弁及び反対請求

第11条　仲裁手続の開始

仲裁手続は、仲裁委員会仲裁院が仲裁申立書を受領した日から開始する。

第12条　仲裁の申立

当事者が本規則により仲裁を申し立てる場合、次の通りでなければならない。

⑴申立人又は申立人の授権した代理人が署名及び／又は押印した仲裁申立書を提出する。仲裁申立書には、次に掲げる事項を明記しなければならない。

①申立人及び被申立人の名称及び住所。郵便番号、電話、ファクシミリ、電子メール又はその他の電子通信方式を含む。

②仲裁申立の根拠となる仲裁合意

③事件の内容及び紛争の要点

④申立人の仲裁請求

⑤仲裁請求の根拠となる事実及び理由

⑵仲裁申立書を提出するとき、申立人の請求の根拠となる証拠資料及びその他の証明文書を添付する。

⑶仲裁委員会の定める仲裁費用表の規定に従って、仲裁費用を予納する。

第13条　事件の受理

⑴仲裁委員会は、当事者が紛争発生前又は紛争発生後に達成した、紛争を仲裁委員会の仲裁に付する仲裁合意及び一方当事者の書面による申立に基づき、事件を受理する。

⑵仲裁委員会仲裁院は、申立人の仲裁申立書及びその付属文書を受領した後、審査を経て、仲裁申立の手続に不備がないと認める場合、仲裁通知、仲裁委員会仲裁規則及び仲裁人名簿各1部を双方当事者に送付しなければならない。申立人の仲裁申立書及びその付属文書は、同時に被申立人にも送付しなければならない。

⑶仲裁委員会仲裁院は、審査を経て、仲裁申立の手続に不備があると認める場合、申立人に一定の期限内に不備をなくすよう要求することができる。申立人が定めた期限内に仲裁申立手続の不備をなくすことができないときは、申立人が仲裁申立をしていないものとみなす。申立人の仲裁申立書及びその付

属文書については、仲裁委員会仲裁院は保存しない。

(4)仲裁委員会が事件を受理した後、仲裁委員会仲裁院は１人の事件秘書を指名して、仲裁事件の手続の管理に協力させなければならない。

第14条　複数契約の仲裁

申立人は、複数の契約における紛争について同一の仲裁事件の中で併合して仲裁申立を提起することができる。但し、下記の条件を同時に満たさなければならない。

①複数の契約が主たる契約と従たる契約の関係にあり、又は複数の契約に関わる当事者が同じで、かつ法律関係の性質が同じであること

②紛争の原因が同じ取引又は同じ系列の取引であること

③複数の契約における仲裁合意の内容が同じ又は相容れるものであること

第15条　答弁

(1)被申立人は、仲裁通知を受領した後45日以内に、答弁書を提出しなければならない。被申立人に確かに正当な理由があり答弁提出期限の延長を求めた場合、仲裁廷が答弁期限を延長するか否かを決定する。仲裁廷がまだ構成されていないときは、仲裁委員会仲裁院が決定する。

(2)答弁書は被申立人又は被申立人が授権した代理人が署名及び／又は押印し、かつ次に掲げる内容及び付属文書を含めなければならない。

①被申立人の名称及び住所。郵便番号、電話、ファクシミリ、電子メール又はその他の電子通信方式を含む。

②仲裁申立書に対する答弁並びにその根拠となる事実及び理由

③答弁の根拠となる証拠資料及びその他の証明文書

(3)仲裁廷は、期限を過ぎて提出された答弁書を受け付けるか否かを決定する権限を有する。

(4)被申立人が答弁書を提出しないことは、仲裁手続の進行に影響しない。

第16条　反対請求

(1)被申立人は、反対請求のある場合、仲裁通知を受領した後45日以内に、書面形式で提出しなければならない。被申立人に確かに正当な理由があり反対請求提出期限の延長を求めた場合、仲裁廷が反対請求期限を延長するか否かを決定する。仲裁廷がまだ構成されていないときは、仲裁委員会仲裁院が決定する。

(2)被申立人が反対請求を提起するときは、その反対請求申立書に具体的な反対請求事項並びにその根拠となる事実及び理由を明記し、かつ関係する証拠資料及びその他の証明文書を添付しなければならない。

⑶被申立人が反対請求を提起するときは、仲裁委員会が定めた仲裁費用表に従って、定められた期間内に仲裁費を予納しなければならない。被申立人が期限どおりに反対請求の仲裁費を納付しないときは、反対請求の申立をしていないものとみなす。

⑷仲裁委員会仲裁院は、被申立人の反対請求提起の手続に不備がないと認める場合、双方当事者に反対請求受理通知を送付しなければならない。申立人は、反対請求受理通知を受領した後30日以内に、被申立人の反対請求に対して答弁を提出しなければならない。申立人に確かに正当な理由があり答弁提出期限の延長を求めた場合、仲裁廷が答弁期限を延長するか否かを決定する。仲裁廷がまだ構成されていないときは、仲裁委員会仲裁院が決定する。

⑸仲裁廷は、期限を過ぎて提出された反対請求及び反対請求の答弁書を受付けるか否かを決定する権限を有する。

⑹申立人が被申立人の反対請求に対して書面による答弁を提起しないことは、仲裁手続の進行に影響しない。

第17条　仲裁請求又は反対請求の変更

申立人は、その仲裁請求に対する変更を申し立てることができ、被申立人もその反対請求に対する変更を申し立てることができる。但し、仲裁廷は、その変更提起の時期が遅すぎて仲裁手続の正常な進行に影響すると認める場合、その変更請求を拒否することができる。

第18条　当事者の追加

⑴仲裁手続において、一方当事者は、表見的に追加当事者を拘束する事件に関わる仲裁合意に基づき仲裁委員会に当事者の追加を申し立てることができる。仲裁廷が構成された後に当事者の追加を申し立てた場合において、仲裁廷が確かに必要があると認めたときは、追加当事者を含む各当事者に意見を求めた後、仲裁委員会が決定を出さなければならない。

仲裁委員会仲裁院が当事者追加の申立を受領した日を当該追加当事者の仲裁開始日とみなす。

⑵当事者追加申立書には、現行の仲裁事件の事件番号、追加当事者を含む関係する全ての当事者の名称、住所及び連絡方法、当事者追加の根拠となる仲裁合意、事実及び理由、並びに仲裁請求を含めなければならない。

当事者が当事者追加申立書を提出するときは、その申立の根拠となる証拠資料及びその他の証明資料を添付しなければならない。

⑶いずれか一方当事者が当事者追加手続につき仲裁合意及び／又は仲裁事件管轄権につき異議を申し立てた場合、仲裁委員会は、仲裁合意及び関連の証拠に基づき管轄権の有無の決定を出す権利を有する。

⑷当事者追加手続が開始された後、仲裁廷が構成される前は、仲裁委員会仲裁院が仲裁手続の進行について決定を出す。仲裁廷が構成された後は、仲裁廷が仲裁手続の進行について決定を出す。

⑸仲裁廷が構成される前に当事者を追加する場合、本規則における関連当事者が仲裁人を選任し、又は仲裁委員会主任に指名を委託する旨の規定は、追加当事者に適用される。仲裁廷の構成については、本規則第29条の規定に従い行わなければならない。

仲裁廷が構成された後に当事者の追加を決定した場合、仲裁廷は、仲裁廷の構成を含む、すでに行われた仲裁手続について追加当事者に意見を求めなければならない。追加当事者が仲裁人の選任又は仲裁委員会主任に対する指名の委託を要求した場合、双方当事者は、改めて仲裁人を選任し、又は仲裁委員会主任に指名を委託しなければならない。仲裁廷の構成については、本規則第29条の規定に従い行わなければならない。

⑹本規則における当事者の答弁及び反対請求の提出に関する規定は、追加当事者に適用される。追加当事者が答弁及び反対請求を提出する期限は、当事者追加に関する仲裁通知を受領した後から起算する。

⑺事件に関わる仲裁合意が表見的に追加当事者を拘束できず、又はその他当事者を追加すべきでない何らかの事情が存在する場合、仲裁委員会は、追加しないと決定する権利を有する。

第19条　仲裁の併合

⑴次の条件のいずれかに合致する場合、一方当事者の請求を経て、仲裁委員会は、本規則に基づいて行われる２件又は２件以上の仲裁事件を併合して１件の仲裁事件とし、審理することを決定することができる。

①各事件の仲裁請求が同一の仲裁合意に基づき提起された場合

②各事件の仲裁請求が複数の仲裁合意に基づき提起され、かかる複数の仲裁合意の内容が同じ又は相容れるものであり、かつ各事件の当事者が同じであり、各紛争に関連する法律関係の性質が同じである場合

③各事件の仲裁請求が複数の仲裁合意に基づき提起され、かかる複数の仲裁合意の内容が同じ又は相容れるものであり、かつ関連する複数契約が主たる契約と従たる契約の関係にある場合

④全ての事件の当事者がいずれも仲裁の併合に同意した場合

⑵上記第１項の決定に基づき仲裁を併合するとき、仲裁委員会は、各当事者の意見及び関係する仲裁事件間の関連性等の要素を考慮しなければならず、これにはそれぞれの事件の仲裁人の選任又は指名状況が含まれる。

⑶各当事者に別段の約定がある場合を除き、併合する仲裁事件は、最初に仲裁手続を開始した仲裁事件に併合しなければならない。

⑷仲裁事件を併合した後、仲裁廷が構成される前は、仲裁委員会仲裁院が手続の進行について決定を出す。仲裁廷が構成された後は、仲裁廷が手続の進行について決定を出す。

第20条　仲裁文書の提出及び交換

⑴当事者の仲裁文書は、仲裁委員会仲裁院に提出しなければならない。

⑵仲裁手続の中で送付又は転送すべき仲裁文書は、当事者に別段の約定があり、かつ仲裁廷の承認を経た場合、又は仲裁廷に別段の決定がある場合を除き、仲裁委員会仲裁院が仲裁廷及び当事者に送付し、又は転送する。

第21条　仲裁文書の部数

当事者が提出する仲裁申立書、答弁書、反対請求書及び証拠資料並びにその他の仲裁文書は、一式５部としなければならない。複数当事者の事件は、相当の部数を追加しなければならない。当事者が財産保全の申立又は証拠保全の申立をするときは、相当の部数を追加しなければならない。仲裁廷の構成人数が１人のときは、相応に２部減らさなければならない。

第22条　仲裁代理人

当事者は、中国及び／又は外国の仲裁代理人に、関係する仲裁事項の処理を授権することができる。当事者又はその仲裁代理人は、仲裁委員会仲裁院に授権委託書を提出しなければならない。

第23条　保全及び臨時措置

⑴当事者が中国の法律に基づいて保全を申し立てた場合、仲裁委員会は、法により当事者の保全申立を当事者の指定した管轄権を有する人民法院に移送しなければならない。

⑵準拠する法律又は当事者の約定に基づき、当事者は、「中国国際経済貿易仲裁委員会緊急仲裁人手続」（本規則付属文書３）に従い仲裁委員会仲裁院に緊急臨時救済措置を申し立てることができる。緊急仲裁人は、必要又は適切な緊急臨時救済措置を講じることを決定することができる。緊急仲裁人の決定は、双方当事者に対して拘束力を有する。

⑶一方当事者の請求を経て、仲裁廷は、準拠する法律又は当事者の約定に基づき、それが必要又は適切と認める臨時措置を講じることを決定することができ、かつ臨時措置を請求する一方当事者が適切な担保を提供することを決定する権限を有する。

第２節　仲裁人及び仲裁廷

第24条　仲裁人の義務

仲裁人は、いずれの一方当事者も代表せず、各当事者から独立し、各当事者を平等に扱わなければならない。

第25条　仲裁廷の人数

⑴仲裁廷は、１人又は３人の仲裁人により構成される。

⑵当事者に別段の約定があり、又は本規則に別段の規定がある場合を除き、仲裁廷は３人の仲裁人により構成される。

第26条　仲裁人の選任及び指名

⑴仲裁委員会は、仲裁委員会及びその分会／仲裁センターに一元的に適用される仲裁人名簿を定める。当事者は仲裁委員会の定めた仲裁人名簿の中から仲裁人を選任する。

⑵当事者が仲裁委員会の仲裁人名簿外で仲裁人を選任すると約定する場合、当事者が選任し、又は当事者の約定に基づき指名された者は、仲裁委員会主任の確認を経た後で仲裁人を担当することができる。

第27条　３人の仲裁廷の構成

⑴申立人及び被申立人は、各自が仲裁通知を受領した後15日以内に１人の仲裁人を選任し、又は仲裁委員会主任に指名を委託しなければならない。当事者が上記の期間内に選任せず、又は仲裁委員会主任に対する指名の委託を行わない場合、仲裁委員会主任が指名する。

⑵３人目の仲裁人は、双方当事者により、被申立人が仲裁通知を受領した後15日以内に共同で選任し、又は共同で仲裁委員会主任に指名を委託する。３人目の仲裁人は、仲裁廷の首席仲裁人となる。

⑶双方当事者は、各自１人から５人までの候補者を推薦して首席仲裁人の候補者とすることができ、かつ上記第２項に定める期間に従い推薦名簿を提出する。双方当事者の推薦名簿の中に同一候補者が１人いる場合、当該候補者を双方当事者が共同で選任する首席仲裁人として選ぶ。同一候補者が１人以上いる場合、仲裁委員会主任が事件の具体的状況に基づき同一候補者の中から１人の首席仲裁人を確定し、当該首席仲裁人が双方が共同で選任する首席仲裁人となる。推薦名簿の中に同一候補者がいない場合、仲裁委員会主任が首席仲裁人を指名する。

⑷双方当事者が上記の規定により共同で首席仲裁人を選任することができない場合、仲裁委員会主任が首席仲裁人を指名する。

第28条　単独仲裁廷の構成

仲裁廷が１人の仲裁人で構成される場合、本規則第27条第２項、第３項、第４項に規定する手続により、当該単独仲裁人を選任し、又は指名する。

第29条　複数当事者の仲裁廷の構成

(1)仲裁事件に二者又は二者以上の申立人及び／又は被申立人がいる場合、申立人側及び／又は被申立人側は各自で協議し、各者が共同で１人の仲裁人を選任し、又は共同で仲裁委員会主任に指名を委託しなければならない。

(2)首席仲裁人又は単独仲裁人は、本規則第27条第２項、第３項、第４項に定める手続により、選任し、又は指名しなければならない。申立人側及び／又は被申立人側は、本規則第27条第３項の規定により首席仲裁人又は単独仲裁人を選任するとき、各者が共同で協議し、各者が共同で選任した候補者名簿を提出しなければならない。

(3)申立人側及び／又は被申立人側が仲裁通知を受領した後15日以内に各者が共同で１人の仲裁人を選任できず、又は共同で仲裁委員会主任に指名を委託できない場合、仲裁委員会主任が仲裁廷の３人の仲裁人を指名し、かつその中から首席仲裁人を担当する１人を確定する。

第30条　仲裁人の指名において考慮する要素

仲裁委員会主任は、本規則の規定に基づき仲裁人を指名するとき、紛争の準拠法、仲裁地、仲裁言語、当事者の国籍及び仲裁委員会主任が考慮すべきと認めるその他の要素を考慮しなければならない。

第31条　開示

(1)選任され又は指名された仲裁人は、声明書に署名し、その公正性及び独立性に対する合理的な疑いを生じさせうるいかなる事実又は状況も開示しなければならない。

(2)仲裁手続の中で開示されるべき状況が生じた場合、仲裁人は、直ちに書面により開示しなければならない。

(3)仲裁人の声明書及び／又は開示する情報は、仲裁委員会仲裁院に提出し、かつ各当事者に転送しなければならない。

第32条　仲裁人の忌避

(1)当事者は、仲裁人の声明書及び／又は開示書面を受領した後、開示した事実又は状況を理由として当該仲裁人の忌避を求める場合、仲裁人の開示書面を受領した後10日以内に書面により提出しなければならない。期限を過ぎても忌避を申し立てない場合、仲裁人がそれまでに開示した事項を理由として当該仲裁人の忌避を申し立ててはならない。

⑵当事者が、選任され又は指名された仲裁人の公正性及び独立性に対して正当な理由のある疑義を生じたとき、書面により当該仲裁人の忌避を求める請求を提出することができる。但し、忌避請求提出の根拠となる具体的事実及び理由を説明し、かつ立証しなければならない。

⑶仲裁人に対する忌避請求は、仲裁廷構成通知を受領した後15日以内に書面形式で提出しなければならず、この後に忌避を求める事由を知ったときは、忌避事由を知った後15日以内に提出することができる。但し、最終回の開廷の終結より前でなければならない。

⑷当事者の忌避請求は、直ちに他方当事者、忌避を請求された仲裁人及び仲裁廷のその他の構成員に転送しなければならない。

⑸一方当事者が仲裁人の忌避を請求し、他方当事者が忌避請求に同意した場合、又は忌避を請求された仲裁人が自主的に当該仲裁事件の仲裁人を以後担当しないと申し出た場合、当該仲裁人は以後本件を審理する仲裁人を担当しない。上記の状況は、当事者が忌避を提出した理由が成立したことを意味しない。

⑹上記第５項に定める状況を除き、仲裁人を忌避するか否かは、仲裁委員会主任が終局的な決定を出し、かつ理由を説明しなくともよい。

⑺仲裁委員会主任が仲裁人を忌避するか否かの決定を出すまで、忌避を請求された仲裁人は、職責の履行を継続しなければならない。

第33条　仲裁人の交代

⑴仲裁人が法律上又は事実上職責を履行できない場合、又は本規則の要求により、もしくは本規則に定める期間内に、果たすべき職責を履行しない場合、仲裁委員会主任はその交代を決定する権限を有し、当該仲裁人が今後仲裁人を担当しないと自主的に申し出ることもできる。

⑵仲裁人を交代するか否かは、仲裁委員会主任が終局的な決定を出し、かつ理由を説明しなくともよい。

⑶仲裁人が忌避又は交代により職責を履行できない場合、仲裁人を選任し、又は指名したもとの方式により、仲裁委員会仲裁院の定める期間内に、代わりの仲裁人を選任し、又は指名しなければならない。当事者が代わりの仲裁人を選任せず、又は指名しないときは、仲裁委員会主任が代わりの仲裁人を指名する。

⑷新たに仲裁人を選任し、又は指名した後、仲裁廷が、改めて審理するか否か、及び改めて審理する範囲を決定する。

第34条　多数仲裁人の仲裁手続継続

最後の開廷が終結した後、３人の仲裁廷における１人の仲裁人が死亡又は除名等の事情により合議及び／又は判断に参加できない場合、他の２人の仲裁人は、仲裁委員会主任に第33条の規定により当該仲裁人の交代を請求することができる。双方当事者に意見を求め、かつ仲裁委員会主任の承認を経た後、当該２人の仲裁人で仲裁手続の進行を継続して決定又は判断を出すこともできる。仲裁委員会仲裁院は、上記の状況を双方当事者に通知しなければならない。

第３節　審理

第35条　審理の方式

⑴当事者に別段の約定がある場合を除き、仲裁廷はその適切と認める方式に従い事件を審理することができる。いかなる状況においても、仲裁廷はいずれも公平及び公正に事を進め、双方当事者に陳述及び弁論の合理的機会を与えなければならない。

⑵仲裁廷は事件を開廷審理しなければならない。但し､双方当事者が約定し､かつ仲裁廷が承認した場合、又は仲裁廷が開廷審理の必要がないと認め、かつ双方当事者の同意を得た場合、書面文書のみによって審理を行うことができる。

⑶当事者に別段の約定がある場合を除き、仲裁廷は事件の具体的状況に基づき、質問式又は弁論式の仲裁廷審理方式を採用して事件を審理することができる。

⑷仲裁廷は、その適切と認める地点においてその適切と認める方式で合議を行うことができる。

⑸当事者に別段の約定がある場合を除き、仲裁廷は必要と認める場合に審理を行う事件について手続命令を出し、質問状を出し、審理範囲書を作成し、開廷前会議を開催すること等ができる。仲裁廷のその他の構成員の授権を経て、首席仲裁人は単独で仲裁事件の手続の手配について決定を出すことができる。

第36条　開廷地

⑴当事者が開廷地点を約定した場合、仲裁事件の開廷審理は約定の地点で行わなければならない。但し、本規則第82条第３項に定める状況が生じた場合を除く。

⑵当事者に別段の約定がある場合を除き、仲裁委員会仲裁院又はその分会／仲裁センター仲裁院が管理する事件は、それぞれ北京又は分会／仲裁センター所在地において開廷審理しなければならない｡仲裁廷が必要と認める場合､仲裁委員会仲裁院院長の承認を経て、その他の地点において開廷審理すること

もできる。

第37条　開廷通知

⑴開廷審理の事件は、仲裁廷が第１回開廷日を確定した後、開廷の20日前までに開廷日を双方当事者に通知しなければならない。当事者は、正当な理由がある場合、開廷の延期を請求することができる。但し、開廷通知を受領した後５日以内に書面により延期の申立をしなければならず、延期するか否かは、仲裁廷が決定する。

⑵当事者に正当な理由があり上記第１項の規定により開廷延期の申立ができない場合、延期の申立を受付けるか否かは、仲裁廷が決定する。

⑶第２回以降（原文は「再次」）の開廷審理の期日及び延期後の開廷審理の期日の通知並びにその延期申立は、上記第１項の期間の制限を受けない。

第38条　秘密保持

⑴仲裁廷による事件の審理は、非公開で行う。双方当事者が審理の公開を要求した場合、仲裁廷が審理を公開するか否かを決定する。

⑵非公開審理の事件において、双方当事者及びその仲裁代理人、仲裁人、証人、通訳、仲裁廷が諮問する専門家及び指名する鑑定人、並びにその他の関係者は、いずれも外部に対し事件の実体及び手続の関連状況を漏洩してはならない。

第39条　当事者の欠席

⑴申立人が正当な理由なく開廷時に出頭しない場合、又は開廷審理時に仲裁廷の許可なく途中退廷した場合、仲裁申立を取り下げたものとみなすことができる。被申立人が反対請求を提出したときは、仲裁廷が反対請求について審理を行い、かつ判断を出すことに影響しない。

⑵被申立人が正当な理由なく開廷時に出頭せず、又は開廷審理時に仲裁廷の許可なく途中退廷した場合、仲裁廷は欠席審理を行い、かつ判断することができる。被申立人が反対請求を提出したときは、反対請求を取り下げたものとみなす。

第40条　開廷審理記録

⑴開廷審理のとき、仲裁廷は、開廷審理記録及び／又は画像音声記録を作成することができる。仲裁廷は、必要と認めるとき、開廷審理要点を作成し、かつ当事者及び／又はその代理人、証人及び／又はその他の関係者に開廷審理記録又は開廷審理要点に署名又は押印を求めることができる。

⑵開廷審理記録、開廷審理要点及び画像音声記録は、仲裁廷の調査使用に供す

る。

⑶一方当事者の申立に応じて、仲裁委員会仲裁院は、事件の具体的な状況により、速記者を招聘して開廷審理記録を速記させることを決定することができ、当事者はこれにより生じる費用を予納しなければならない。

第41条　証拠申出

⑴当事者は、その申立、答弁及び反対請求の根拠となる事実につき証拠を提供して証明し、その主張、弁論及び抗弁の要点につき証拠を提供しなければならない。

⑵仲裁廷は、当事者の証拠提出期間を定めることができる。当事者は、定められた期間内に証拠を提出しなければならない。期間に遅れて提出した場合、仲裁廷は受付けなくともよい。当事者が証拠申出期間内に証拠資料を提出することが確かに困難である場合、期間満了前に証拠申出期間の延長を申し立てることができる。延長するか否かは、仲裁廷が決定する。

⑶当事者が定められた期間内に証拠を提出することができず、又は証拠を提出したがその主張の証明には足りない場合、挙証責任を負う当事者がこれにより生じた結果を引き受ける。

第42条　証拠調べ

⑴開廷審理の事件おいて、証拠は開廷時に提示しなければならず、当事者は証拠に対する質疑を行うことができる。

⑵書面審理の事件における証拠資料に対して、又は開廷後に提出された証拠資料に対して、かつ当事者が書面による証拠質疑に同意した場合、書面による証拠質疑を行うことができる。書面による証拠質疑のとき、当事者は、仲裁廷の定めた期間内に書面による証拠質疑意見を提出しなければならない。

第43条　仲裁廷の調査・証拠収集

⑴仲裁廷は、必要と認めるとき、事実を調査し、証拠を収集することができる。

⑵仲裁廷が事実を調査し、証拠を収集するとき、当事者に立ち会うよう通知することができる。通知したが、一方又は双方当事者が立ち会わないときでも、仲裁廷の事実調査及び証拠収集に影響しない。

⑶仲裁廷が調査し、収集した証拠は、当事者に転送し、当事者に意見提出の機会を与えなければならない。

第44条　専門家報告及び鑑定報告

⑴仲裁廷は、事件の中の専門的問題について専門家に諮問し、又は鑑定人を指定して鑑定させることができる。専門家及び鑑定人は、中国又は外国の機関

又は自然人とすることができる。

(2)仲裁廷は、専門家又は鑑定人にいずれかの関連資料、文書又は財産、実物を提供し、又は提示して、専門家又は鑑定人の審査閲覧、検査又は鑑定に供するよう当事者に求める権限を有し、当事者も当該義務を負う。

(3)専門家報告及び鑑定報告の副本は、当事者に転送し、当事者に意見提出の機会を与えなければならない。一方当事者が専門家又は鑑定人に開廷への参加を求めた場合で、仲裁廷の承認を経たときは、専門家又は鑑定人は開廷に参加しなければならず、かつ仲裁廷が必要と認めるとき、その作成した報告につき説明しなければならない。

第45条　手続の中止

(1)双方当事者が共同で、又はそれぞれ仲裁手続の中止を請求し、又はその他の仲裁手続を中止すべき事情が出現した場合、仲裁手続を中止することができる。

(2)手続中止の原因が解消し、又は手続中止期間が満了した後、仲裁手続の進行を再開する。

(3)仲裁手続の中止及び再開は、仲裁廷が決定する。仲裁廷がまだ構成されていない場合は、仲裁委員会仲裁院院長が決定する。

第46条　申立取下げ及び事件取消

(1)当事者は、全ての仲裁請求又は全ての仲裁反対請求を取り下げることができる。申立人が全ての仲裁請求を取り下げた場合は、仲裁廷が被申立人の仲裁反対請求に対して審理及び判断を行うことに影響しない。被申立人が全ての仲裁反対請求を取り下げた場合は、仲裁廷が申立人の仲裁請求に対して審理及び判断を行うことに影響しない。

(2)当事者自身の原因により仲裁手続を進行できなくなった場合は、その者が仲裁請求を取り下げたとみなすことができる。

(3)仲裁請求及び反対請求が全て取り下げられた場合は、事件を取り消すことができる。仲裁廷が構成される前に事件を取り消す場合は、仲裁委員会仲裁院院長が事件取消決定を出す。仲裁廷が構成された後に事件を取り消す場合は、仲裁廷が事件取消決定を出す。

(4)上記第３項及び本規則第６条第７項にいう事件取消決定には、「中国国際経済貿易仲裁委員会」の印章を押捺しなければならない。

第47条　仲裁及び調停の結合

(1)双方当事者が調停を望む場合、又は一方当事者が調停を望み、かつ仲裁廷が他方当事者から同意を得た場合、仲裁廷は仲裁手続において事件につき調停を行うことができる。双方当事者は、自ら和解することもできる。
⑵仲裁廷は、双方当事者から同意を得た後、その適切であると認める方式により調停を行うことができる。
⑶調停過程において、いずれか一方の当事者が調停の終了を申し出たとき、又は仲裁廷がすでに調停が成立する見込みがないと認めたときは、仲裁廷は、調停を終了しなければならない。
⑷双方当事者は、仲裁廷の調停を経て和解し、又は自ら和解した場合、和解合意書を締結しなければならない。
⑸当事者は、調停を経て和解合意を成立させ、又は自ら和解合意を成立させた場合、仲裁請求又は反対請求を取り下げることができ、仲裁廷に当事者の和解合意の内容に基づき判断書を作成し、又は調停書を作成するよう求めることもできる。
⑹当事者が調停書の作成を求めた場合、調停書には仲裁請求及び当事者の書面による和解合意の内容を明記し、仲裁人が署名し、かつ「中国国際経済貿易仲裁委員会」の印章を押捺し、双方当事者に送達しなければならない。
⑺調停が成功しない場合、仲裁廷は、仲裁手続の進行を継続し、かつ判断を出さなければならない。
⑻当事者が調停を望むが、仲裁廷の主宰において調停を行うことを望まない場合、双方当事者の同意を経て、仲裁委員会は、当事者が適切な方式及び手続で調停を行うことに協力することができる。
⑼調停が成功しない場合、いずれの一方当事者も、その後の仲裁手続、司法手続及びその他いずれかの手続において、相手方当事者又は仲裁廷が調停過程において発表した意見、提示した見地、なした陳述、同意又は否定を表す意見又は主張を引用し、その請求、答弁又は反対請求の根拠とすることはできない。
⑽当事者が仲裁手続を開始する前に自ら又は調停を経て和解合意を成立させた場合、仲裁委員会による仲裁における仲裁合意及びその和解合意に基づき、仲裁委員会に対して仲裁廷を構成し、和解合意の内容により仲裁判断を出すよう求めることができる。当事者に別段の約定がある場合を除き、仲裁委員会主任が１人の単独仲裁人を指名して仲裁廷を成立させ、仲裁廷がその適切と認める手続により審理を行い、かつ判断を出す。具体的な手続及び期間は、本規則におけるその他の条項の手続及び期間に関する制限を受けない。

第３章　判断

第48条　判断をする期間

⑴仲裁廷は、構成後６か月以内に判断書を出さなければならない。
⑵仲裁廷の請求を経て、仲裁委員会仲裁院院長が確かに正当な理由及び必要が

あると認めた場合、当該期間を延長できる。
⑶手続中止の期間は上記第１項の定める判断期間に計上しない。

第49条　判断
⑴仲裁廷は、事実及び契約の約定に基づき、法律の規定に従い、国際慣例を参考にし、公平合理、独立公正に判断をしなければならない。
⑵当事者が事件の実体準拠法について約定している場合、その約定に従う。当事者に約定がなく、又はその約定が法律の強行規定と抵触する場合、仲裁廷が事件の実体的法律適用を決定する。
⑶仲裁廷は、判断書の中で、仲裁請求、紛争事実、判断理由、判断結果、仲裁費用の負担、判断の日付及び場所を明記しなければならない。当事者が紛争の事実及び判断の理由を明記しないことで合意している場合、並びに双方当事者の和解合意の内容に従い判断書を作成する場合、紛争事実及び判断理由を明記しなくともよい。仲裁廷は、判断書の中で、当事者が判断を履行する具体的期限及び期限を過ぎて履行した際に負うべき責任を確定する権限を有する。
⑷判断書には、「中国国際経済貿易仲裁委員会」の印章を押捺しなければならない。
⑸３人の仲裁人で構成する仲裁廷で審理する事件は、全仲裁人又は多数の仲裁人の意見により判断をする。少数の仲裁人の書面による意見は記録文書に添えなければならず、かつ判断書の後ろに添付することができ、かかる書面による意見は判断書の構成部分とはならない。
⑹仲裁廷が多数意見を形成できないとき、判断は首席仲裁人の意見によって行う。その他の仲裁人の書面による意見は記録文書に添えなければならず、かつ判断書の後ろに添付することができ、かかる書面による意見は判断書の構成部分とはならない。
⑺判断が首席仲裁人の意見又は単独仲裁人の意見によって出され、かつそれが署名する場合を除き、判断書には多数の仲裁人が署名しなければならない。異なる意見をもつ仲裁人は、判断書に署名することができ、署名しないこともできる。
⑻判断書の作成日を、判断の法的効力の発生日とする。
⑼判断は終局的であり、双方当事者に対して等しく拘束力を有する。いずれの一方当事者も、人民法院に提訴してはならず、その他いずれかの機関に対する仲裁判断変更の請求提出もしてはならない。

第50条　一部判断
⑴仲裁廷が必要と認め、又は当事者が請求を提出しかつ仲裁廷の承認を経た場

合、仲裁廷は最終判断を出す前に、当事者の何らかの請求事項につき先に一部判断を出すことができる。一部判断は終局的であり、双方当事者に対して等しく拘束力を有する。

⑵一方当事者が一部判断を履行しない場合、仲裁手続の進行継続に影響せず、仲裁廷が最終判断を出すことにも影響しない。

第51条　判断書の草案の精査

仲裁廷は、判断書に署名をする前に、判断書の草案を仲裁委員会に提出し、その精査に付さなければならない。仲裁廷の独立した判断に影響しない状況において、仲裁委員会は、判断書の関連する問題につき、仲裁廷に注意を促すことができる。

第52条　費用負担

⑴仲裁廷は、判断書の中で、当事者が最終的に仲裁委員会に対して支払うべき仲裁費用及びその他の費用を裁定する権限を有する。

⑵仲裁廷は、事件の具体的状況に基づき、判断書の中で、敗訴側が勝訴側に補償すべき、事件処理のために支払った合理的な費用を裁定する権限を有する。仲裁廷は、敗訴側が勝訴側に補償する、事件処理のために支払った費用が合理的であるか否かを裁定するとき、事件の判断結果、複雑さの程度、勝訴側当事者及び／又は代理人の実際の作業量並びに事件の係争金額等の要素を具体的に考慮しなければならない。

第53条　判断書の訂正

⑴仲裁廷は、判断書を送付した後の合理的期間内において、自ら書面形式で、判断書の中の記載、印字、計算上の誤りもしくはその他の類似する性質の誤りにつき訂正することができる。

⑵いずれの一方当事者も、判断書を受領した後30日以内に、判断書の記載、印字、計算上の誤りもしくはその他の類似する性質の誤りにつき、仲裁廷に訂正するよう書面により申し立てることができる。確かに誤りがある場合、仲裁廷は、書面による申立を受領した後30日以内に、書面により訂正しなければならない。

⑶上記の書面による訂正は、判断書の構成部分となり、本規則第49条第４項から第９項までの規定を適用しなければならない。

第54条　追加判断

⑴判断書の中に脱漏した事項がある場合、仲裁廷は判断書送付後の合理的期間内に、自ら追加判断を出すことができる。

(2)いずれの一方当事者も、判断書を受領した後30日以内に、書面形式で仲裁廷に判断書の中の脱漏した事項について追加判断を出すよう求めることができ、確かに脱漏事項がある場合、仲裁廷は上記の書面による申立を受領した後30日以内に追加判断を出さなければならない。
(3)当該追加判断は、判断書の一部分を構成し、本規則第49条第４項から第９項までの規定を適用しなければならない。

第55条　判断の履行
(1)当事者は、判断書に明記された期限に従い仲裁判断を履行しなければならない。判断書に履行期限が明記されていない場合は、直ちに履行しなければならない。
(2)一方当事者が判断を履行しない場合、他方当事者は、法により管轄権を有する人民法院に執行を申し立てることができる。

第４章　簡易手続
第56条　簡易手続の適用
(1)当事者に別段の約定がある場合を除き、係争金額が人民元500万元を超えない場合、又は係争金額が人民元500万元を超えるが、一方当事者の書面による申立を経て、かつ他方当事者から書面による同意を得た場合、又は双方当事者が簡易手続の適用を約定している場合は、簡易手続を適用する。
(2)係争金額がない又は係争金額が明確でない場合、仲裁委員会が事件の複雑さの程度、係わる利益の大きさ及びその他の関連する要素に基づき総合的に考慮して、簡易手続を適用するか否かを決定する。

第57条　仲裁通知
申立人が仲裁の申立を提起し、審査の結果、受理し、かつ簡易手続を適用できる場合、仲裁委員会仲裁院は、双方当事者に仲裁通知を送付しなければならない。

第58条　仲裁廷の構成
当事者に別段の約定がある場合を除き、簡易手続を適用する事件は、本規則第28条の規定により、単独仲裁廷を成立させて事件を審理する。

第59条　答弁及び反対請求
(1)被申立人は、仲裁通知を受領した後20日以内に、答弁書及び証拠資料並びにその他の証明文書を提出しなければならない。反対請求のある場合も、この期間内に反対請求書及び証拠資料並びにその他の証明文書を提出しなければならない。
⑵申立人は、反対請求書及びその付属文書を受領した後20日以内に、被申立人の反対請求に対して答弁を提出しなければならない。
⑶当事者に確かに正当な理由があり上記期限の延長を求めた場合、仲裁廷が延長するか否かを決定する。仲裁廷がまだ構成されていないときは、仲裁委員会仲裁院が決定する。

第60条　審理の方式

仲裁廷は、その適切と認める方式に基づき事件を審理することができ、当事者の意見を求めた上で当事者が提出した書面資料及び証拠のみによって書面審理をする旨を決定することができ、開廷審理を決定することもできる。

第61条　開廷通知

⑴開廷審理の事件については、仲裁廷が第１回開廷日を確定した後、開廷の15日前までに開廷日を双方当事者に通知しなければならない。当事者に正当な理由がある場合、開廷の延期を請求することができる。但し、開廷通知を受領した後３日以内に書面により延期の申立をしなければならず、延期するか否かは、仲裁廷が決定する。
⑵当事者に正当な理由があり上記第１項の規定のとおりに開廷延期の申立ができない場合、延期の申立を受付けるか否かは、仲裁廷が決定する。
⑶第２回以降の開廷審理の期日及び延期後の開廷審理の期日の通知並びにその延期申立は、上記第１項の期間の制限を受けない。

第62条　判断をする期間

⑴仲裁廷は、構成後３か月以内に判断書を出さなければならない。
⑵仲裁廷の請求を経て、仲裁委員会仲裁院院長が確かに正当な理由及び必要があると認める場合、当該期間を延長できる。
⑶手続中止の期間は上記第１項の定める判断期間に算入しない。

第63条　手続の変更

仲裁請求の変更又は反対請求の提出は、簡易手続の進行継続に影響しない。変更を経て仲裁請求又は反対請求の係争金額がそれぞれ人民元500万元を超えた事件は、普通手続に変更することを当事者が約定し、又は仲裁廷が必要であると認める場合を除き、簡易手続の適用を継続する。

第64条　本規則のその他の条項の適用

本章に定めのない事項は、本規則のその他各章の関連規定を適用する。

第５章　国内仲裁の特別規定

第65条　本章の適用

⑴国内仲裁事件は、本章の規定を適用する。

⑵本規則第56条の規定に合致する国内仲裁事件は、第４章の簡易手続の規定を適用する。

第66条　事件の受理

⑴仲裁申立書を受領した後、仲裁委員会仲裁院は、仲裁申立が本規則第12条に規定する受理条件に合致すると認める場合、５日以内に当事者に通知しなければならず、受理条件に合致しないと認める場合、当事者に対して不受理を書面により通知し、かつ理由を説明しなければならない。

⑵仲裁申立書を受領した後、仲裁委員会仲裁院は、審査の結果、仲裁申立の手続が本規則第12条の規定に合致しないと認める場合、当事者に対して定められた期間内に不備をなくすよう要求することができる。

第67条　仲裁廷の構成

仲裁廷は、本規則第25条、第26条、第27条、第28条、第29条及び第30条の規定により構成しなければならない。

第68条　答弁及び反対請求

⑴被申立人は、仲裁通知を受領した後20日以内に、答弁書及びその根拠となる証拠資料並びにその他の証明文書を提出しなければならない。反対請求のある場合も、この期間内に反対請求書及びその証拠となる証拠資料並びにその他の証明文書を提出しなければならない。

⑵申立人は、反対請求書及びその付属文書を受領した後20日以内に、被申立人の反対請求に対して答弁を提出しなければならない。

⑶当事者が正当な理由により上記期限の延長を求めた場合、仲裁廷が延長するか否かを決定する。仲裁廷がまだ構成されていないときは、仲裁委員会仲裁院が決定する。

第69条　開廷通知

⑴開廷審理の事件については、仲裁廷が第１回開廷日を確定した後、開廷の15日前までに開廷日を双方当事者に通知しなければならない。当事者に正当な理由がある場合、開廷の延期を請求することができる。但し、開廷通知を受領した後３日以内に書面により延期の申立をしなければならず、延期するか否かは、仲裁廷が決定する。

⑵当事者に正当な理由があり上記第１項の規定のとおりに開廷延期の申立がで

きない場合、延期の申立を受付けるか否かは、仲裁廷が決定する。

⑶第２回以降の開廷審理の期日及び延期後の開廷審理の期日の通知並びにその延期申立は、上記第１項の期間の制限を受けない。

第70条　開廷審理記録

⑴仲裁廷は、開廷審理の状況を記録に記入しなければならない。当事者及びその他の仲裁参加者は、自己の陳述についての記録に脱漏又は誤りがあると認める場合、補正を申し立てることができ、仲裁廷がその補正を承認しないとき、当該申立を記録しなければならない。

⑵開廷審理記録には、仲裁人、記録員、当事者及びその他の仲裁参加者が署名又は押印する。

第71条　判断をする期間

⑴仲裁廷は、構成後４か月以内に判断書を出さなければならない。

⑵仲裁廷の請求を経て、仲裁委員会仲裁院院長が確かに正当な理由及び必要があると認める場合、当該期間を延長できる。

⑶手続中止の期間は上記第１項の定める判断期間に算入しない。

第72条　本規則のその他の条項の適用

本章に定めのない事項は、本規則のその他各章の関連規定を適用する。本規則第６章の規定は除く。

第６章　香港仲裁の特別規定

第73条　本章の適用

⑴仲裁委員会は、香港特別行政区において仲裁委員会香港仲裁センターを設立する。本章は、仲裁委員会香港仲裁センターが仲裁申立を受付け、かつ管理する仲裁事件に適用する。

⑵当事者が紛争について仲裁委員会香港仲裁センターへの仲裁申立を約定している場合、又は紛争を仲裁委員会に申し立て、香港において仲裁することを約定している場合は、仲裁委員会香港仲裁センターが仲裁申立を受付け、かつ事件を管理する。

第74条　仲裁地及び手続の準拠法

当事者に別段の約定がある場合を除き、仲裁委員会香港仲裁センターが管理する事件の仲裁地は香港とし、仲裁手続の準拠法は香港仲裁法とし、香港の判断を仲裁判断とする。

第75条　管轄権決定

当事者の仲裁合意及び／又は仲裁事件管轄権に対する異議は、第１回実体答弁よりも前に申し立てなければならない。

仲裁廷は、仲裁合意の存在、効力及び仲裁事件の管轄権に対して決定を出す権限を有する。

第76条　仲裁人の選任又は指名

仲裁委員会の現行の仲裁人名簿は、仲裁委員会香港仲裁センターが管理する事件において使用が推薦されるが、当事者は仲裁委員会の仲裁人名簿以外から仲裁人を選任することもできる。選任された仲裁人は、仲裁委員会主任の確認を経なければならない。

第77条　臨時措置及び緊急救済

⑴当事者に別段の約定がある場合を除き、一方当事者の申立に応じて、仲裁廷は適切な臨時措置を講じることを決定する権限を有する。

⑵仲裁廷が構成される前に、当事者は「中国国際経済貿易仲裁委員会緊急仲裁人手続」（本規則付属文書３）に従い緊急臨時救済を申し立てることができる。

第78条　判断書の印章

判断書には、「中国国際経済貿易仲裁委員会香港仲裁センター」の印章を押捺しなければならない。

第79条　仲裁費用

本章により申立を受付け、かつ管理する事件には「中国国際経済貿易仲裁委員会仲裁費用表⑶（本規則付属文書２）を適用する。

第80条　本規則のその他の条項の適用

本章に定めていない事項については、本規則のその他の各章の関連規定を適用する。但し、本規則第５章の規定は除く。

第７章　附則

第81条　仲裁言語

⑴当事者に仲裁言語につき約定がある場合、その約定による。当事者が仲裁言語について約定していない場合は、中国語を仲裁言語とする。仲裁委員会は、事件の具体的状況に応じてその他の言語を仲裁言語として確定することもできる。

⑵仲裁廷の開廷のとき、当事者又はその代理人、証人が通訳を必要とする場合、

仲裁委員会仲裁院が通訳者を提供することができ、当事者が自ら通訳者を提供することもできる。
⑶当事者が提出する各種文書及び証明資料は、仲裁廷又は仲裁委員会仲裁院が必要と認めるとき、当事者に相応の中国語翻訳文又はその他の言語の翻訳文を提供するよう要求できる。

第82条　仲裁費用及び実費
⑴仲裁委員会は、制定した仲裁費用表に従い当事者から仲裁費を徴収するほか、当事者からその他の超過分の合理的な実費も徴収することができ、これには仲裁人の事件処理の特殊報酬、出張旅費、食費及び宿泊費、速記者を招聘しての速記費、並びに仲裁廷が招聘した専門家、鑑定人及び通訳等の費用が含まれる。仲裁人の特殊報酬は、仲裁委員会仲裁院が関連する仲裁人及び当事者の意見を求めた上で、「中国国際経済貿易仲裁委員会仲裁費用表⑶」（本規則付属文書２）の仲裁人の報酬及び費用に関する基準を参照して確定する。
⑵当事者が仲裁委員会の定める期間内にその選任した仲裁人のために特殊報酬、出張旅費、食費及び宿泊費等の実費を予納しない場合、仲裁人を選任していないものとみなす。
⑶当事者は、仲裁委員会又はその分会／仲裁センターの所在地以外における開廷を約定した場合、これにより生じる出張旅費、食費及び宿泊費等の実費を予納しなければならない。当事者が仲裁委員会の定める期間内に関連する実費を予納しない場合、仲裁委員会又はその分会／仲裁センターの所在地で開廷しなければならない。
⑷当事者が２種類もしくは２種類以上の言語を仲裁言語とすることを約定した場合、又は本規則第56条の規定に基づき簡易手続を適用する事件であるが当事者が３人の仲裁廷により審理することを約定した場合、仲裁委員会は、当事者から超過分の合理的費用を徴収することができる。

第83条　規則の解釈
⑴本規則の条文の標題は、条文の意味の解釈に用いない。
⑵本規則の解釈は、仲裁委員会が行う。

第84条　規則の施行
本規則は、2015年１月１日から施行する。本規則の施行前に仲裁委員会及びその分会／仲裁センターが管理する事件は、事件受理時に適用されていた仲裁規則をなお適用する。双方当事者が同意する場合、本規則を適用することもできる。

付属文書 1

中国国際経済貿易仲裁委員会及びその分会／仲裁センターの名簿[1]

中国国際経済貿易仲裁委員会
住所：北京市西城区樺皮廠胡同２号国際商会大厦６階
郵便番号：100035
電話番号：010-82217788，64646688
ファクシミリ：010-82217766/010-64643500
電子メール：info@cietac.org
ウェブサイト：http://www.cietac.org

中国国際経済貿易仲裁委員会華南分会
住所：深圳市福田区金田路4018号安聯大厦14A01-02
郵便番号：518026
電話番号：0755-82796739
ファクシミリ：0755-23964130
電子メール：infosz@cietac.org
ウェブサイト：http://www.cietac-sc.org

中国国際経済貿易仲裁委員会上海分会
住所：上海市浦東新区世紀大道1198号世紀匯広場１棟16階
郵便番号：200122
電話番号：021-60137688
立件問合せ電話：021-60137688
ファクシミリ：021-60137689
電子メール：infosh@cietac.org
ウェブサイト：http://www.cietacshaghai.org

中国国際経済貿易仲裁委員会天津分会（天津国際経済金融仲裁センター）
住所：天津市河東区六緯路と大直沽八号路の交差点天津万達センターオフィスビル万海ビル18階 1803/1804室
郵便番号：300170
電話番号：022-66285688
ファクシミリ：022-66285678
電子メール：tianjin@cietac.org
ウェブサイト：http://www.cietac-tj.org

[1] CIETACのウェブサイト上の情報に基づき更新済み。
http://www.cietac.org/index.php?m=Page&a=index&id=26

中国国際経済貿易仲裁委員会西南分会
住所：重慶市江北区江北嘴聚賢岩広場８号力帆センター１棟15-5，15-6
郵便番号：400024
電話番号：023-67860011
ファクシミリ：023-67860022
電子メール：cietac-sw@cietac.org
ウェブサイト：http://www.cietacsw.org

中国国際経済貿易仲裁委員会香港仲裁センター
住所：香港中環雪場街11号律政センター西座５F 503号
電話番号：852-25298066
ファクシミリ：852-25298266
電子メール：hk@cietac.org
ウェブサイト：http://www.cietachk.org.cn

中国国際経済貿易仲裁委員会浙江分会
住所：浙江省杭州市延安路二軽大厦A座10階
郵便番号：310006
電話番号：0571-28169009
ファクシミリ：0571-28169010
電子メール：zj@cietac.org
ウェブサイト：http://www.cietac-zj.org.cn

中国国際経済貿易仲裁委員会湖北分会
住所：湖北省武漢市武昌区小洪山東路34号 湖北省科技創業大厦B座11階
郵便番号：430070
電話番号：86-027-87639292
ファクシミリ：86-027-87639269
電子メール：hb@cietac.org
ウェブサイト：http://www.cietac-hb.org

中国国際経済貿易仲裁委員会福建分会（福建自貿区仲裁センター）
住所：福建省福州市台江区閩江北CBD様坂街357号阳光城時代广場16階1602
郵便番号：350002
電話番号：0591-87600275
ファクシミリ：0591-87600330
電子メール：cietac-fj@cietac.org

ウェブサイト：http://www.cietac-fj.org

中国国際経済貿易仲裁委員会シルクロード仲裁センター
住所：陝西省西安市高新区丈八四路20号神州数碼産業園五号楼22階
郵便番号：710075
電話番号：029-81119935
ファクシミリ：029-81118163
電子メール：infosr@cietac.org

中国国際経済貿易仲裁委員会江蘇仲裁センター
住所：江蘇省南京市玄武区長江路188号徳基大厦31階
郵便番号：210018
電話番号：86-25-69515388
ファクシミリ：86-25-69515390
電子メール：js@cietac.org
ウェブサイト：http://www.cietacjs.org.cn

中国国際経済貿易仲裁委員会四川分会
住所：成都市高新区天府大道中段1577号 中国--欧洲中心12階
郵便番号：610041
電話番号：028-83180751
ファクシミリ：028-83199659
電子メール：sichuan@cietac.org

中国国際経済貿易仲裁委員会山東分会
住所：山東省済南市暦下区龍奥西路一号銀豊財富广場２号楼（B座）301、304室
郵便番号：250102
電話番号：86-531-81283380
ファクシミリ：86-531-81283390
電子メール：sdinfo@cietac.org
ウェブサイト：http://www.cietacsd.org.cn

付属文書２

中国国際経済貿易仲裁委員会仲裁費用表(1)

本費用表は、本仲裁規則第３条第２項第１号及び第２号に定める仲裁事件に適用する。

係争金額（人民元）	仲裁費用（人民元）
1,000,000元以下	係争金額の４％、最低でも10,000元を下回らない
1,000,001元～2,000,000元	40,000元＋係争金額の1,000,000元以上の部分の3.5％
2,000,001元～5,000,000元	75,000元＋係争金額の2,000,000元以上の部分の2.5％
5,000,001元～10,000,000元	150,000元＋係争金額の5,000,000元以上の部分の1.5％
10,000,001元～50,000,000元	225,000元＋係争金額の10,000,000元以上の部分の１％
50,000,001元～100,000,000元	625,000元＋係争金額の50,000,000元以上の部分の0.5％
100,000,001元～500,000,000元	875,000元＋係争金額の100,000,000元以上の部分の0.48％
500,000,001元～1,000,000,000元	2,795,000元＋係争金額の500,000,000元以上の部分の0.47％
1,000,000,001元～2,000,000,000元	5,145,000元＋係争金額の1,000,000,000元以上の部分の0.46％
2,000,000,001元以上	9,745,000元＋係争金額の2,000,000,000元以上の部分の0.45％、最高でも15,000,000元を上回らない

仲裁を申し立てる際、事件毎に立件費用10,000人民元を別途徴収するものとし、この中には仲裁申立の審査、立件、入力及びコンピュータプログラムの使用並びに文書保存等の費用が含まれる。

仲裁費用表における係争金額は、申立人が請求した金額を基準とする。請求の金額と実際の係争金額が一致しない場合は、実際の係争金額を基準とする。

仲裁を申し立てた時点で係争金額が確定しておらず、又は状況が特殊である場合は、仲裁委員会が仲裁費用の金額を決定する。

徴収する仲裁費用が外貨である場合、本仲裁費用表の規定に従い人民元と等価の外貨を徴収する。

仲裁委員会は、本仲裁費用表に従い仲裁費用を徴収するほか、仲裁規則の関連規定に従いその他の超過分の、合理的な実費を徴収することができる。

中国国際経済貿易仲裁委員会仲裁費用表(2)

本費用表は、本仲裁規則第３条第２項第３号に定める仲裁事件に適用する。

一　事件受理費用徴収規則

係争金額（人民元）	事件受理費用（人民元）
1,000元以下	最低でも100元を下回らない
1,001元～ 50,000元	100元＋係争金額の1,000元以上の部分の５％
50,001元～ 100,000元	2,550元＋係争金額の50,000元以上の部分の４％
100,001元～ 200,000元	4,550元＋係争金額の100,000元以上の部分の３％
200,001元～ 500,000元	7,550元＋係争金額の200,000元以上の部分の２％
500,001元～ 1,000,000元	13,550元＋係争金額の500,000元以上の部分の１％
1,000,001元以上	18,550元＋係争金額の1,000,000元以上の部分の0.5%

二　事件処理費用徴収規則

係争金額（人民元）	事件処理費用（人民元）
200,000元以下	最低でも6,000元を下回らない
200,001元～ 500,000元	6,000元＋係争金額の20元万以上の部分の２％
500,001元～ 1,000,000元	12,000元＋係争金額の50万元以上の部分の1.5%
1,000,001元～ 2,000,000元	19,500元＋係争金額の100万元以上の部分の0.5%
2,000,001元～ 5,000,000元	24,500元＋係争金額の200万元以上の部分の0.45%
5,000,001元～ 10,000,000元	38,000元＋係争金額の500万元以上の部分の0.4%
10,000,001元～ 20,000,000元	58,000元＋係争金額の1,000万元以上の部分の0.3%
20,000,001元～ 40,000,000元	88,000元＋係争金額の2,000万元以上の部分の0.2%
40,000,001元～ 100,000,000元	128,000元＋係争金額の4,000万元以上の部分の0.15%
100,000,001元～ 500,000,000元	218,000元＋係争金額の10,000万元以上の部分の0.13%
500,000,001元以上	738,000元＋係争金額の50,000万元以上の部分の0.12%

仲裁費用表における係争金額は、申立人が請求した金額を基準とする。請求の金額と実際の係争金額が一致しない場合は、実際の係争金額を基準とする。

仲裁を申し立てた時点で係争金額が確定しておらず、又は状況が特殊である場合は、仲裁委員会が紛争に関わる権益の具体的状況に基づき事前に徴収する仲裁費用の金額を確定する。

仲裁委員会は、本仲裁費用表に従い仲裁費用を徴収するほか、仲裁規則の関連規定に従いその他の超過分の、合理的な実費を徴収することができる。

中国国際経済貿易仲裁委員会仲裁費用表(3)

本費用表は、本仲裁規則第６章に定める仲裁委員会香港仲裁センターが管理する仲裁事件に適用する。

一　事件受理費用

申立人が仲裁委員会香港仲裁センターに仲裁の申立を提起する場合は、仲裁申立の審査、立件、コンピュータプログラムの使用、文書保存及び人件費として、同時に事件受理費用8,000香港ドルを支払わなければならない。事件受理費用は、返還しない。

二　機構管理費用

1　機構管理費用表

係争金額（香港ドル）	機構管理費用（香港ドル）
500,000元以下	16,000元
500,001元～1,000,000元	16,000元＋係争金額の500,000元以上の部分の0.78％
1,000,001元～5,000,000元	19,900元＋係争金額の1,000,000元以上の部分の0.65％
5,000,001元～10,000,000元	45,900元＋係争金額の5,000,000元以上の部分の0.38％
10,000,001元～20,000,000元	64,900元＋係争金額の10,000,000元以上の部分の0.22％
20,000,001元～40,000,000元	86,900元＋係争金額の20,000,000元以上の部分の0.15％
40,000,001元～80,000,000元	116,900元＋係争金額の40,000,000元以上の部分の0.08％
80,000,001元～200,000,000元	148,900元＋係争金額の80,000,000元以上の部分の0.052％
200,000,001元～400,000,000元	211,300元＋係争金額の200,000,000元以上の部分の0.04％
400,000,001元以上	291,300元

2　機構管理費用には、事件秘書の業務報酬並びに仲裁委員会及びその分会/センターの開廷室の使用費用が含まれる。

3　係争金額を確定する際には、仲裁請求と仲裁反対請求の金額を合算して計算する。係争金額を確定できず、又は状況が特殊である場合には、仲裁委員会が事件の具体的状況を踏まえて機構管理費用を確定する。

4　機構管理費用表に従い機構管理費用を徴収するほか、仲裁委員会香港仲裁センターは、「仲裁規則」の関連規定に従いその他の超過分の、合理的な実費を徴収できるものとし、通訳及び記録費用並びに仲裁委員会及びその分会/センターの開廷室以外の場所で開廷したことにより生じる費用を含むがこれに限らない。

5　徴収する事件受理費用、機構管理費用が非香港ドルの場合、仲裁委員会香港仲裁センターは、機構管理費用表の規定に従い香港ドルと等価の外貨を徴収する。

三　仲裁人報酬及び費用

㈠　仲裁人報酬及び費用（係争金額を基準とする。）

1　仲裁人報酬表

係争金額	仲裁人報酬（仲裁人1名につき、香港ドル）	
（香港ドル）	最低	最高
500,000元以下	15,000元	60,000元
500,001元～1,000,000元	15,000元＋係争金額の500,000元以上の部分の2.30％	60,000元＋係争金額の500,000元以上の部分の8.50％
1,000,001元～5,000,000元	26,500元＋係争金額の1,000,000元以上の部分の0.80％	102,500元＋係争金額の1,000,000元以上の部分の4.3％
5,000,001元～10,000,000元	58,500元＋係争金額の5,000,000元以上の部分の0.60％	274,500元＋係争金額の5,000,000元以上の部分の2.30％
10,000,001元～20,000,000元	88,500元＋係争金額の10,000,000元以上の部分の0.35％	389,500元＋係争金額の10,000,000元以上の部分の1.00％
20,000,001元～40,000,000元	123,500元＋係争金額の20,000,000元以上の部分の0.20％	489,500元＋係争金額の20,000,000元以上の部分の0.65％
40,000,001元～80,000,000元	163,500元＋係争金額の40,000,000元以上の部分の0.07％	619,500元＋係争金額の40,000,000元以上の部分の0.35％
80,000,001元～200,000,000元	191,500元＋係争金額の80,000,000元以上の部分の0.05％	759,500元＋係争金額の80,000,000元以上の部分の0.25％
200,000,001元～400,000,000元	251,500元＋係争金額の200,000,000元以上の部分の0.03％	1,059,500元＋係争金額の200,000,000元以上の部分の0.15％
400,000,001元～600,000,000元	311,500元＋係争金額の400,000,000元以上の部分の0.02％	1,359,500元＋係争金額の400,000,000元以上の部分の0.12％

600,000,001元～750,000,000元	351,500元＋係争金額の600,000,000元以上の部分の0.01％	1,599,500元＋係争金額の600,000,000元以上の部分の0.10％
750,000,001元以上	366,500元＋係争金額の750,000,000元以上の部分の0.008％	1,749,500元＋係争金額の750,000,000元以上の部分の0.06％

2　本費用表に別段の規定がある場合を除き、仲裁人の報酬は、仲裁委員会が事件の具体的状況に基づき上記表に従い確定して徴収する。仲裁人の費用には、仲裁人が仲裁活動に従事したことにより生じる全ての合理的な実費が含まれる。

3　当事者全員が書面により同意し、又は仲裁委員会が特殊な状況において決定を出した場合、仲裁人の報酬は本仲裁人報酬表の最高限度額を上回ることができる。

4　当事者は、仲裁委員会香港仲裁センターに仲裁委員会が確定した仲裁人報酬及び費用を予納しなければならない。仲裁委員会香港仲裁センターの同意を経て、当事者は、適切な比率に従い仲裁人の報酬及び費用を分割払いすることができる。各当事者は、仲裁人報酬及び費用の支払に対して連帯責任を負う。

5　係争金額を確定する際は、仲裁請求と仲裁反対請求の金額を合算して計算する。係争金額を確定することができず、又は状況が特殊な場合には、仲裁委員会が事件の具体的状況を踏まえて仲裁人報酬を確定する。

㈡　仲裁人報酬及び費用（時間給を基準とする。）

1　各当事者が書面により仲裁人報酬及び費用について時間給に基づき徴収すると約定している場合は、その約定に従う。仲裁人は、自らが仲裁のために合理的に努力した全ての業務につき時間給に従い計算した報酬を得る。仲裁人の費用には、仲裁人が仲裁活動に従事することにより生じる全ての合理的な実費が含まれる。

2　当事者が緊急仲裁人手続の開始を申し立てた場合、緊急仲裁人の報酬は時間給に基づき徴収する。

3　一方当事者が選任した仲裁人について、その時間給は、当該当事者と選任された仲裁人が協議により決定する。単独仲裁人及び首席仲裁人の時間給は、当該仲裁人と各当事者が協議により決定する。仲裁人の時間給を協議によって決定することができない場合、又は仲裁委員会主任が仲裁人の指名を代行した場合、当該仲裁人の時間給は仲裁委員会が確定する。緊急仲裁人の時間給は仲裁委員会が確定する。

4　協議により決定し、又は確定される仲裁人の時間給は、仲裁委員会が設定し、かつ仲裁申立が提起された日に仲裁委員会香港仲裁センターのウェブサイトで公表されている費用の上限を超えてはならない。当事者全員が書面により同意し、又は仲裁委員会が特殊な状況において決定を出した場合、仲裁人は確定された時間給の上限を上回って報酬を徴収することができる。

5　当事者は、仲裁委員会香港仲裁センターに仲裁人報酬及び費用を予納しなければならず、予納する報酬及び費用の金額は、仲裁委員会香港仲裁センターが決定する。各当事者は、仲裁人の報酬及び費用の支払について連帯責任を負う。

㈢　その他の事項

1　仲裁委員会香港仲裁センターは、仲裁廷の決定に基づき仲裁判断を留置する権利を有することで、当事者が仲裁人の報酬及び全ての未払費用を支払うことを確保する。当事者が共同で、又はいずれか一方が上記報酬及び費用を納付した後、仲裁委員会香港仲裁センターは、仲裁廷の決定に基づき仲裁判断を当事者に送付する。

2　徴収した仲裁人の報酬及び費用が非香港ドルの場合、仲裁委員会香港仲裁センターは、本費用表の規定に従い香港ドルと等価の外貨を徴収する。

付属文書３

中国国際経済貿易仲裁委員会緊急仲裁人手続

第１条　緊急仲裁人手続の申立

(1) 当事者は、緊急臨時救済措置が必要な場合、準拠する法律又は双方当事者の約定に基づき緊急仲裁人手続を申し立てることができる。

(2) 緊急仲裁人手続を申し立てる当事者（以下「申立人」という）は、仲裁廷が構成される前に、事件を管理する仲裁委員会仲裁院又は分会/仲裁センター仲裁院に緊急仲裁人手続申立書を提出しなければならない。

(3) 緊急仲裁人手続申立書には、次の内容を含めなければならない。
①関連する当事者の名称及び基本情報
②申立を引き起こしたもとの紛争及び緊急臨時救済を申し立てた理由
③申し立てる緊急臨時救済措置及び緊急救済を受ける権利を有するとする理由
④緊急臨時救済の申立に求められるその他の必要な情報
⑤緊急仲裁人手続の準拠法及び言語についての意見
申立人は、申立書を提出する際、根拠となる証拠資料及びその他の証明文書を添付しなければならず、仲裁合意及び契機となったもとの紛争に関する合意を含むがこれに限らない。
申立書及び証拠資料等の文書の部数は一式３部とし、複数当事者の事件の場合は相当の部数を追加しなければならない。

(4) 申立人は、緊急仲裁人手続費用を予納しなければならない。

(5) 当事者がすでに仲裁言語について約定を設けている場合、緊急仲裁人手続の言語は、当事者が約定した仲裁言語に従わなければならない。当事者が約定していない場合は、仲裁委員会仲裁院が手続に適用する言語を確定する。

第２条　申立の受理及び緊急仲裁人の指名

(1) 申立人が提出した申立書、仲裁合意及び関連証拠に基づき、仲裁委員会仲裁院は、初期審査を経て緊急仲裁人手続の適用の適否を決定する。緊急仲裁人手続の適用を決定した場合、仲裁委員会仲裁院院長は、申立書及び申立人が予納した緊急仲裁人手続費用を徴収した後１日以内に緊急仲裁人を指名しなければならない。

(2) 仲裁委員会仲裁院院長が緊急仲裁人を指名した後、仲裁委員会仲裁院は、直ちに受理通知と申立人の申立資料を合わせて指名した緊急仲裁人及び緊急臨時救済措置の申立を受けた当事者に引き渡し、かつ受理通知の写しをその他の各当事者及び仲裁委員会主任に送付しなければならない。

第３条　緊急仲裁人の開示及び忌避

(1)　緊急仲裁人は、いずれの一方当事者も代表せず、各当事者から独立し、各当事者を平等に扱わなければならない。

(2)　緊急仲裁人は、指名を受け入れると同時に声明書に署名し、仲裁委員会仲裁院に対してその公正性及び独立性に対する合理的な疑いを生じさせうるいかなる事実及び状況も開示しなければならない。緊急仲裁人手続において開示すべきその他の事由が発生した場合、緊急仲裁人は直ちにこれを書面により開示しなければならない。

(3)　緊急仲裁人の声明書及び/又は開示された情報は、仲裁委員会仲裁院が各当事者に転送する。

(4)　当事者は、緊急仲裁人の声明書及び/又は開示書面を受領した後、緊急仲裁人の開示した事実又は状況を理由として当該仲裁人の忌避を求める場合、緊急仲裁人の開示書面を受領した後２日以内に書面により提出しなければならない。期限を過ぎても忌避を申し立てない場合、緊急仲裁人が以前に開示した事項を理由として忌避を申し立ててはならない。

(5)　当事者は、指名された緊急仲裁人の公正性及び独立性に対して合理的な疑いが生じた場合、書面により当該緊急仲裁人の忌避を求める請求を提出することができる。但し、忌避請求提出の根拠となる具体的事実及び理由を説明し、かつ立証しなければならない。

(6)　緊急仲裁人に対する忌避請求は、受理通知を受領した後２日以内に書面形式で提出しなければならず、その後に忌避を求める事由を知ったときは、忌避事由を知った後２日以内に提出することができる。但し、仲裁廷の構成より前でなければならない。

(7)　緊急仲裁人の忌避の適否は、仲裁委員会仲裁院院長が決定する。緊急仲裁人を忌避すると決定した場合、仲裁委員会仲裁院院長は、忌避決定を出した後１日以内に改めて緊急仲裁人を指名し、かつ決定の写しを仲裁委員会主任に送付しなければならない。緊急仲裁人を忌避するか否かの決定が出されるまで、忌避を請求された仲裁人は、職責の履行を継続しなければならない。

開示及び忌避手続は、新たに指名された緊急仲裁人にも同様に適用される。

(8)　当事者に別段の約定がある場合を除き、緊急仲裁人は、選任又は指名を受けて関連する事件の仲裁廷の構成員を担当してはならない。

第４条　緊急仲裁人手続の場所

当事者に別段の約定がある場合を除き、緊急仲裁人手続の場所は、事件仲裁地とする。事件仲裁地の確定には、本仲裁規則第７条の規定を適用する。

第５条　緊急仲裁人手続

⑴　緊急仲裁人は、可能な限り指名を受けた後２日以内に、緊急仲裁人手続事項に関する計画を作成しなければならない。緊急仲裁人は、緊急救済の類型及び緊急性を踏まえて、その合理的と認める方式を採用して関連手続を行い、かつ関連当事者の合理的な陳述の機会を確保しなければならない。

⑵　緊急仲裁人は、緊急救済を申し立てた当事者に対し、救済実施の前提条件として適当な担保を提供するよう求めることができる。

⑶　緊急仲裁人の権限及び緊急仲裁人手続は、仲裁廷が構成された日をもって終了する。

⑷　緊急仲裁人手続は、当事者が準拠する法律に基づき管轄権を有する人民法院に臨時措置の適用を請求する権利に影響しない。

第６条　緊急仲裁人の決定

⑴　緊急仲裁人は、必要な緊急臨時救済の決定を出す権利を有し、かつ出した決定が適法かつ有効に維持されるよう合理的に努力しなければならない。

⑵　緊急仲裁人の決定は、緊急仲裁人が指名を受けた後15日以内に出さなければならない。緊急仲裁人が決定期限延長請求を提出した場合、仲裁委員会仲裁院院長は、自らが合理的と判断した場合にのみこれを認める。

⑶　緊急仲裁人の決定には、緊急救済措置を講じた理由を明記し、かつ緊急仲裁人が署名し、仲裁委員会仲裁院又は分会/仲裁センター仲裁院の印を押捺しなければならない。

⑷　緊急仲裁人の決定は、双方当事者に対して拘束力を有する。当事者は、執行地の国又は地域の関連法律規定に従い管轄権を有する人民法院に強制執行を申し立てることができる。当事者が請求し、かつ理由を説明した場合、緊急仲裁人又は構成後の仲裁廷は、緊急仲裁人の決定を修正し、中止し、又は終了する権利を有する。

⑸　緊急仲裁人は、緊急臨時救済措置を講じる必要性がない、又は各種原因により緊急臨時救済措置を講じることができない等の状況が存在すると認める場合、申立人の申立を棄却し、かつ緊急仲裁人手続を終了させることができる。

⑹　緊急仲裁人の決定は、次の状況において効力を有しなくなる。
①緊急仲裁人又は仲裁廷が緊急仲裁人の決定を終了した場合
②仲裁委員会仲裁院院長が緊急仲裁人を忌避すべき旨の決定を出した場合
③仲裁廷が最終判断を出した場合、但し仲裁廷が緊急仲裁人の決定が引続き有効であると認めた場合はこの限りでない。

④判断書が出される前に申立人が全ての仲裁請求を取り下げた場合
⑤緊急仲裁人の決定が出された後90日以内に仲裁廷が構成されない場合。当該期間は、当事者の協議により延長することができ、仲裁委員会仲裁院もそれが適当であると認める状況において、当該期間を延長することができる。
⑥仲裁廷の構成後、仲裁手続の中止が60日継続された場合

第７条　緊急仲裁人手続の費用負担

⑴　申立人は、緊急仲裁人手続費用30,000人民元を予納しなければならず、当該費用には緊急仲裁人の報酬及び仲裁委員会管理費用が含まれる。仲裁委員会仲裁院は、申立人にその他の超過分の合理的な実費を予納するよう要求する権利を有する。
当事者が仲裁委員会香港仲裁センターに緊急臨時救済を申し立てた場合は、「中国国際経済貿易仲裁委員会仲裁費用表⑶」（仲裁規則付属文書２）の規定に従い緊急仲裁人手続費用を予納する。

⑵　各当事者が負担すべき緊急仲裁人手続費用の比率は、緊急仲裁人が決定の中で合わせて決定する。但し、仲裁廷が一方当事者の請求に応じて当該費用の分担につき最終決定を出すことに影響しない。

⑶　緊急仲裁人手続の決定が出される前に終了した場合、仲裁委員会仲裁院は、申立人に返還する緊急仲裁人手続費用の金額を決定する権利を有する。

第８条　その他

仲裁委員会は、本緊急仲裁人手続について解釈権を有する。

事項索引

さ行

た行

著者紹介

孫　彦（そん　げん）

外国法事務弁護士（中倫外国法事務弁護士事務所）
2006年北京大学大学院卒業、2013年～2014年ワシントン大学（University of Washington）ロースクール客員研究員。

日本の大手法律事務所にて10年以上の実務経験を積み、2018年11月から中倫外国法事務弁護士事務所（中倫律師事務所東京オフィス）のパートナー就任。日中間のM&A、紛争解決、中国現地法人の不祥事対応や危機管理、コーポレートガバナンス等、企業法務全般を取り扱っている。
日本仲裁人協会会員、一般社団法人日本商事仲裁協会名簿仲裁人。

主な著書･論文として、『中国ビジネス法務の基本と実務がわかる本』（共著、秀和システム、2019年10月1日）、『中国ビジネス法務の基本がよ～くわかる本（第2版）』（共著、秀和システム、2012年3月15日）、『中国における独占禁止法の改正動向と実務における着目点』（NBL No.1191, 2021年4月1日号）、『中国における民商事裁判の最新動向』（国際商事法務 Vol.47 No.10, 2019）、『「一帯一路」構想より中国の商事仲裁にもたらされる期待～自由貿易試験区における更なる革新～』（国際商事法務 Vol.45 No.8, 2017）、『中国における合弁解消の交渉戦略』（ビジネス法務 2015年3月号）、『中国における仲裁制度およびその注意点－「中国(上海)自由貿易試験区仲裁規則」の分析を踏まえて』（NBL No.1035, 2014年10月1日号）、その他企業再編、コンプライアンス等に関する論文多数。

中国商事仲裁の基本と実務

2021年9月15日　初版第1刷発行

著　者　孫　彦

発行者　石川雅規

発行所　株式会社 商事法務

〒103-0025 東京都中央区日本橋茅場町 3-9-10
TEL 03-5614-5643・FAX 03-3664-8844〔営業〕
TEL 03-5614-5649〔編集〕
https://www.shojihomu.co.jp/

落丁・乱丁本はお取り替えいたします。　印刷／㈲シンカイシャ

Shojihomu Co., Ltd.

ISBN978-4-7857-2898-4

*定価はカバーに表示してあります。